COMPAÑEROS
en el matrimonio
&
en el ministerio

Una imagen bíblica
de la igualdad de género

Ronald W. Pierce

ℜℜCBE
INTERNATIONAL

Christians for Biblical Equality
Cristianos por la igualdad bíblica
cbeinternational.org

Compañeros en el matrimonios y en el ministerio. Una imagen bíblica de la igualdad de género

Copyright de la traducción © 2025 CBE International

Partners in Marriage and Ministry: A Biblical Picture of Gender Equality
©2011 Ronald W. Pierce

Publicado por Christians for Biblical Equality
122 W Franklin Ave, Suite 610
Minneapolis, MN 55404
www.cbeinternational.org

Traducción: Eric E. Richter
Diseño de tapa: Karina Varela
Diesño de interior: Alejandro Truman

ISBN: 978-1-939971-39-5 Impresa
ISBN: 978-1-939971-40-1 Digital

A menos que se indique algo diferente, todas las citas bíblicas son de la propia traducción o paráfrasis del autor. Las referencias bíblicas indicadas por las siglas NVI han sido tomadas de la Nueva versión internacional. © Biblica, Inc.®, 1999, 2015, 2022.

*Para Pat, mi compañera por más de cuarenta años.
Ella comparte conmigo el don misericordioso
de la vida que Dios nos regaló.*

TABLA DE CONTENIDO

Un viaje personal

¿Por qué debería preocuparme esto?

Quizás eres una joven que siente el llamado a servir a Dios en el ministerio cristiano y te han dicho que hay áreas de servicio en las que no puedes participar debido a tu género. O bien estás pensando en casarte, pero has escuchado que debes estar dispuesta a dejar que tu futuro esposo «tome la iniciativa» en los asuntos espirituales, así como la decisión final sobre cualquier desacuerdo. Después de todo, te dicen que los esposos son responsables ante Dios de sus esposas e hijos.

Por otro lado, podría ser que tú seas un hombre que ve estas cuestiones desde una perspectiva diferente. Quizás hayas escuchado de tu pastor que Dios quiere que los hombres sean líderes tanto en el hogar como en la iglesia. Además, para ti, eludir este llamado sería un pecado. Sin embargo, llevar semejante carga te resulta demasiado pesada, incluso algo para lo que te sientes incapaz o inadecuado.

Quizás seas un padre o madre cuyo hijo o hija haya tenido una experiencia similar y acuda a ti en busca de consejo. Te dicen que han leído los pasajes de la Biblia sobre hombres y mujeres, pero algunos les parecen confusos. O quizás estos textos no responden específicamente a las preguntas que tienen. Han consultado a especialistas sobre el tema en libros y seminarios, pero incluso en ellos encontraron desacuerdos significativos.

Quizás tu iglesia haya tenido debates y discusiones por este asunto, posiblemente incluso una división importante en la congregación. O bien, un grupo sugiere que la iglesia considere a una mujer para un puesto de liderazgo local o incluso para un puesto pastoral de alto nivel. No saben qué hacer ni qué lado tomar. Quieren que las mujeres sean todo lo que Dios desea para ellas, pero simplemente no saben a quién ni qué creer.

¿Te suena familiar alguna de estas situaciones? Si es así, tienes buenas razones para preocuparte por cómo se relacionan los hombres y las mujeres en el matrimonio y el ministerio. Si crees en Jesucristo y, por lo tanto, formas parte del cuerpo de Cristo, la iglesia, este asunto impactará tu vida, así como la de tus hermanas y hermanos en Cristo. En el matrimonio, afectará tu relación con tu cónyuge e hijos. Si permaneces soltero, seguirá influyendo en tu forma de pensar y de relacionarte con otras mujeres y hombres de tu círculo de amistades. Si compartes la responsabilidad de nombrar líderes consagrados y talentosos en tu iglesia, te enfrentarás a decidir cómo el género afecta este proceso. Y así sucesivamente. La cuestión del género afecta todos los aspectos de la vida, porque Dios creó a las personas para que se relacionen entre sí como hombres y mujeres.

¿Qué hay en tu maleta?

Todos traemos cierto «equipaje» al leer la Biblia o hablar de teología. ¿Quizás reconociste algo de tu experiencia de vida o ideas propias en las preguntas anteriores? ¡Yo sí! Y aunque no puedo echar un vistazo a tu equipaje mientras escribo este libro, puede que te ayuden las ideas que he recopilado a lo largo de mi camino sobre este tema.

Crecí en una familia cristiana tradicional en la década de 1950. Se esperaba que mi padre fuera el líder y proveedor, mientras que mi madre debía ser el ama de casa que criaba a seis hijos. Y, generalmente, asumíamos que los hombres debían tomar la iniciativa en la pequeña iglesia evangélica a la que asistíamos en la zona rural de Pensilvania.

Años después, cuando mi esposa Pat y yo nos casamos en 1969, se daba por sentado tácitamente que yo lideraría nuestra relación y aceptaría las responsabilidades que conllevaba «el rol del hombre». Era el único modelo que habíamos presenciado en nuestros respectivos hogares. El acuerdo parecía funcionar bastante bien. Y lo que es más importante, lo considerábamos bíblico, aunque ninguno de los dos había estudiado a fondo el tema.

No comencé a estudiar la Biblia con seriedad sobre este tema hasta mi primer año como profesor de Biblia y Teología en una universidad cristiana del sur de California, a mediados de la década de 1970. Era una época tumultuosa tras el movimiento secular por la igualdad racial y de género que alcanzó su punto álgido en la década de 1960.

El tema de los «roles» de género surgió de forma natural en una clase que impartí por aquel entonces sobre la idea bíblica de la «iglesia». Pronto se convirtió en un tema de especial interés que he abordado con regularidad desde entonces. Hace algunos años, colaboré con otros veinticinco eruditos bíblicos y teológicos para publicar una obra académica sobre el tema, titulada *Discovering Biblical Equality* [Descubriendo la igualdad bíblica] (InterVarsity, 2005). Además, he impartido conferencias en escuelas, iglesias, congresos, debates y diálogos durante más de veinticinco años. La igualdad de género sigue siendo el principal tema que me he dedicado a estudiar, investigar, escribir y dedicar tiempo de vida personal.

Este estudio finalmente me llevó por un camino que no siempre ha sido predecible. Ni ha continuado en la misma dirección. Tanto mi pasado como la época en que viví me obligaron a escudriñar las Escrituras como los antiguos bereanos (Hechos 17:11) para replantear la postura que había dado por sentada durante tanto tiempo. Al final, descubrí que la Biblia enseña una relación de reciprocidad mutua, una relación de igualdad entre hombres y mujeres diferentes, tanto en el matrimonio como en el ministerio.

Sí, Dios creó a la humanidad como hombre y mujer a imagen

divina. Y, como tal, tenemos diferencias innatas y beneficiosas. Sin embargo, no encuentro evidencia en las Escrituras de que Dios haya querido que solo uno lidere y el otro siga. Más bien, la unidad y la diversidad que comparten hombres y mujeres deben caracterizarse por la sumisión mutua en el cuerpo de Cristo, tanto en la iglesia como en el hogar.

¿Qué hay en la agenda?

Varios principios me han guiado al escribir este libro. Ante todo, he buscado basar todo lo que escribo en la Biblia, a la que personalmente me someto como la Palabra de Dios plenamente inspirada y autoritativa. Este principio queda de manifiesto en los ocho capítulos principales, que se centran en pasajes clave relacionados con este importante tema. También se puede apreciar en las muchas otras referencias bíblicas que se encuentran a lo largo de los capítulos. Confío en que tengan la Biblia abierta mientras leen este libro para que puedan ver estos textos en su contexto más amplio. Como dijo una vez mi colega y amigo, Ed Curtis: «Si nos atenemos a lo que la Escritura enseña claramente —es decir, a lo que los evangélicos estamos de acuerdo—, tendremos más cosas que agradecer».

En segundo lugar, mi deseo más profundo es abordar esta cuestión de una manera positiva y unificadora. Quiero enfatizar más lo que tenemos en común como evangélicos, en lugar de lo que nos divide. Jesús oró al Padre por nosotros diciendo: «Santifícalos en tu verdad; tu palabra es verdad. […] para que todos sean uno […] para que sean perfectos en unidad, para que el mundo crea que tú me enviaste» (Juan 17:17-23).

En tercer lugar, he procurado que este libro sea práctico. El gran pastor y predicador Charles Swindoll solía decir: «Algunos maestros toman una idea simple y la hacen tan compleja que solo otros eruditos pueden entenderla. En cambio, un buen maestro toma una idea compleja y la aclara lo suficiente para que todos puedan entenderla». Con esto en mente, he agrupado los pasajes clave en tres secciones más amplias: el fundamento teológico (sección uno), el matrimonio (sección dos) y el ministerio (sección tres). Cada sección concluye con un resumen de algunos «Principios para hoy» que nos invitan a ponerlos en práctica.

En cuarto lugar, me he esforzado al máximo por ser conciso. Al anciano rabino judío Hillel le pidieron una vez que respondiera una pregunta mientras su estudiante «se sostenía en un pie». En otras palabras, «¡Dame la versión corta!». Recibo este tipo de solicitudes con frecuencia en la universidad donde enseño y en la iglesia donde mi esposa, Pat, y yo ministramos como laicos, y hasta cierto punto es legítimo. Vivimos vidas ajetreadas en un mundo acelerado, tratando de llegar a fin de mes. Este libro ofrece una visión general del panorama general, los fundamentos bíblicos de la relación de mutualidad entre hombres y mujeres. Si deseas profundizar en el estudio, encontrará una breve lista de referencias al final.

Finalmente, no he dejado de ser apasionado. El capítulo final, «Caminos hacia el futuro», mostrará adónde creo que me lleva mi camino. Este camino es hacia un lugar mejor, hacia un lugar de mayor esperanza que el que enfrentamos ahora. Y es un camino que, como creyentes, podemos y debemos recorrer juntos. Es un camino para siervos apasionados por Cristo.

COMPAÑEROS
de la Creación a la Cruz

—1—

Descubriendo la creación perfecta de Dios
Génesis 1-3

En los más de treinta años que he investigado, enseñado y escrito sobre la Biblia, he desarrollado un profundo amor por el Antiguo Testamento, especialmente por sus relatos. Y, dado que Dios decidió comenzar la Biblia con la historia de la creación, nosotros también comenzaremos por ahí. En Génesis aparecen dos relatos complementarios de la creación, y el capítulo 1 sienta las bases para el capítulo 2. El tema central de Génesis 1 y 2 es la humanidad, creada a imagen de Dios como hombre y mujer. El tema del género está en el centro mismo de los actos creadores que dan inicio a toda la historia de las Escrituras.

¿Qué significa ser creado a imagen de Dios?

En el principio, Dios creó a la humanidad a su imagen, hombre y mujer. Luego, los bendijo diciendo: Tengan hijos y poblen la tierra; dominen a todas sus criaturas (Génesis 1:26-28).

Cuando comencé a estudiar los relatos de la creación, me llevé una sorpresa. Personas comunes como tú y yo se presentan como la culminación de la creación de Dios. Podríamos haber esperado las extraordinarias bellezas de la tierra o las insondables maravillas del universo. Pero, en cambio, Dios eligió a seres humanos creados a imagen divina, como hombre y mujer. De hecho, fuimos diseñados para tener una relación personal e íntima con nuestro Creador, para comunicarnos con él y reflejar su carácter. Ninguna otra parte de la creación de Dios recibió este privilegio.

También fuimos creados para participar en la comunidad del único Dios, que existe eternamente en tres Personas: Padre, Hijo y Espíritu. Por eso Dios dijo en Génesis 1:26: «Hagamos al ser humano a nuestra imagen» (nota que se usa el plural). La comunidad es fundamental para vivir bien con Dios y con los demás. Es lo que estamos hechos para experimentar y disfrutar.

Además, mujeres y hombres fueron llamados a gobernar el resto de la tierra y sus criaturas. El liderazgo en el mundo recién creado se les dio, desde el principio, a hombres y mujeres como compañeros. Dios los bendijo (de nuevo, en plural) diciendo: «Gobiernen sobre todos los animales» (Génesis 1:28). Aunque fuimos creados de manera diferente, estábamos destinados a compartir estos privilegios y responsabilidades únicos.

Después de formar a la primera pareja, «vio Dios todo lo que había hecho, y todo ello era bueno en gran manera» (Génesis 1:31). ¿Qué era bueno? Tres cosas: (1) que hayamos sido hechos a imagen de Dios, (2) que hayamos sido creados como hombre y mujer, y (3) debemos gobernar juntos sobre el resto de la creación. Las primeras palabras de la Biblia sobre las relaciones de género son concisas, casi crípticas. Sin embargo, su mensaje de mutualidad y comunidad es profundo. Debía ser una relación entre dos personas diferentes, que beneficiara a ambas y no perjudicara a ninguna. Con sus diferencias beneficiosas, podrían trabajar juntos para cumplir los propósitos de Dios en el nuevo mundo.

El relato de la creación que sigue en el capítulo 2 proporciona considerablemente más detalles sobre cómo Dios nos creó como hombres y mujeres y, más importante aún, por qué.

¿Por qué Dios nos hizo hombre y mujer?

> Dios primero creó al hombre de la tierra y le dio vida. Pero no era bueno que estuviera solo; necesitaba una compañera que lo ayudara. Así que, de su cuerpo, Dios formó una mujer para él. Adán la llamó Eva, porque de ella provendrían todos los seres humanos. Así nació el matrimonio (Génesis 2:7, 18, 22-24; 3:20).

Cuando empecé a dar clases en 1976, hacía apuntes con una antigua máquina de escribir antigua y debía utilizar esmalte de uñas para corregir los errores tipográficos. Sé que algunos se preguntarán: «¿Qué es una máquina de escribir?». Para hacer copias tenía que usar papel carbón adherido a una hoja de papel estándar original. El resultado era una copia de calidad inferior, a menudo difícil de leer, que no reflejaba con claridad el original del que se habían extraído.

Algunos entienden la creación de la mujer a partir del hombre de esta misma manera, como si el hombre fue el original perfecto y la mujer, la copia inferior. Otros señalan que los animales surgieron primero; luego Dios creó a Adán; luego (redoble de tambores, por favor), el logro supremo de toda la creación: Eva. Ninguna de las dos es exactamente la forma en que la Biblia narra la historia.

Al examinar más detenidamente la «segunda escena» de la historia de la creación, consideremos estas preguntas: ¿Por qué el Creador diseñó a las personas como hombres y mujeres? ¿Y por qué formó a la primera mujer a partir del primer hombre, en lugar de crearlos a ambos de la tierra? Las respuestas se encuentran en la propia historia.

Primero, Dios creó al hombre solo y le permitió observar a las demás criaturas con sus parejas. De esta manera, reconocería que, como ser humano, estaba solo, sin una compañía con quien compartir el don divino de la vida. Además, no tendría quien lo ayude en momentos de necesidad ni que se uniera a él para tener hijos y así la humanidad pudiera perdurar. Por si solo el hombre era incapaz de cumplir el mandato divino de reproducirse, poblar y gobernar la tierra (Génesis 1:28).

¿Qué significa que la mujer fue hecha para ser «ayuda idónea» para el hombre (Génesis 2:20; traducción literal)? De niña, cuando leí por primera vez esta historia pensé que «ayuda idónea» (RVR 1960) debía referirse a la secretaria del jefe, o quizás a una niña pequeña a la que se le permitía «ayudar» a su mamá en la cocina. En otras palabras, su ayuda era de menor calidad que la de quien ella ayudaba.

Sin embargo, en mi viaje de descubrimiento, encontré que el término hebreo original simplemente se refiere a cualquiera que ayudaba a otro en necesidad, sin importar cuál de ellos fuera más fuerte o más inteligente que el otro. De hecho, la mayoría de las referencias en la Biblia nombran a Dios como la «ayuda». Por ejemplo, Dios «ayuda» a José (Génesis 49:25) y es un «escudo y ayuda» para Israel (Deuteronomio 33:29). El salmista clama en su necesidad: «¡Sé tú, Señor, mi ayuda!» (Salmo 30:10), y el Señor promete a Israel a través del profeta Isaías: «Te fortaleceré y te ayudaré» (Isaías 41:10). De igual manera, el siervo de confianza de Abraham se llamaba «Eliezer» (que significa «mi Dios es un ayudador», Génesis 15:2) y Samuel erige un monumento al que llama «Ebenezer» (que significa «piedra de ayuda») declarando: «El Señor no ha dejado de ayudarnos» (1 Samuel 7:12). La lista podría continuar.

Adán necesitaba desesperadamente de una ayuda que los animales no podían brindarle. Eva fue diseñada especialmente para satisfacer esa necesidad. Así como Dios liberó a Israel, Eva debía rescatar a Adán de su soledad. Pero, a diferencia de Dios, quien era infinitamente superior a Israel, ella sería una «ayuda a la medida» de Adán, es decir, un ser humano como él, ni superior ni subordinado. Le correspondería como compañera y pareja, para que, al compartir la vida juntos, pudieran ayudarse mutuamente.

Dios formó a la mujer del costado del hombre mientras este dormía. A menudo he escuchado a pastores decir en las bodas: «Eva no fue tomada de la cabeza de Adán para ser superior a él, ni de sus pies para estar subordinada a él; más bien, fue tomada de su costado para ser su compañera». No podría resumirlo mejor.

¿Alguna vez has observado la mirada de un novio, de pie al frente de la iglesia, al ver por primera vez a su hermosa futura esposa con su vestido de novia? Parece un niño pequeño en Navidad. Sin embargo, ¡con Adán fue mucho más asombroso! Cuando presenció por primera vez lo que Dios había hecho por él, quedó atónito. «Esta sí es hueso de mis huesos y carne de mi carne. Se llamará «mujer» porque del hombre fue sacada» (Génesis 2:23). Adán reconoció de inmediato que ella era una persona, un ser humano como él, pero a la vez maravillosamente diferente: ¡un complemento perfecto!

Hablando de bodas, Génesis 2 también explica el origen de una costumbre arraigada. El narrador comenta: «Por eso dejará el hombre a su padre y a su madre, se unirá a su mujer, y los dos llegarán a ser uno solo» (Génesis 2:24).

Eva fue tomada de Adán y, por lo tanto, debía reunirse con él, de ser «una sola carne» a volver a ser «una sola carne». Debía haber diversidad y unidad. Pero también equilibrio, pues así como ella fue tomada de él, todos los seres humanos a partir de entonces provendrán de ella (Génesis 3:20). Así como hubo un «orden de creación», también hay un «orden de procreación».

El músico Paul Stookey transmite esta idea en su famosa «Canción de boda» de 1971:

A man shall leave his mother and a woman leave her home
And they shall travel on to where the two shall be as one.
As it was in the beginning is now and 'til the end
Woman draws her life from man and gives it back again.
And there is love. There is love.
[El hombre dejará a su madre y la mujer dejará su hogar.
Y continuarán viajando hasta donde los dos serán uno.
Como era en el principio, ahora y hasta el fin.
La mujer toma su vida del hombre y se la devuelve.
Y hay amor. Hay amor].

Ciertamente, Dios pudo haber creado al hombre y a la mujer al mismo tiempo a partir de la tierra. Pero esto no habría ilustrado tan bien la hermosa verdad bíblica de la unidad en la diversidad. En cambio, comenzaron como uno y volvieron a ser uno.

Hace años, Betty Coble-Lawther, una pastora jubilada y querida amiga, nos mostró un ejercicio a mi esposa Pat y a mí en un seminario matrimonial. Nos pidió que tomáramos dos hojas de cartulina (de diferentes colores) y las pegáramos. Después de que el pegamento se secara, nos pidió que intentáramos separarlas. Esto nos ayudó a visualizar lo que Dios quiere decir con que ambos se conviertan inseparablemente en uno solo.

Otra forma de ver la naturaleza de esta unión es considerar cómo se reproducen las imágenes electrónicas hoy en día. Estas pueden copiarse tantas veces como queramos sin perder la calidad del original. De hecho, a menos que decidamos alterarla de alguna manera, la segunda imagen tendrá exactamente la misma calidad que la original. Lo mismo ocurre con la creación del hombre y la mujer por parte de Dios. El énfasis está en lo que compartían en común. La mujer fue creada como un ser humano al igual que el hombre. Se complementaban mutuamente en el sentido de que eran ligeramente diferentes, pero compartían por igual la imagen de Dios. La mano creadora de Dios los diseñó a ambos para que pudieran reunirse y convertirse en uno en el amor y la procreación. El privilegio de Adán como la fuente de la formación de Eva se equilibra con el privilegio de Eva como la fuente de toda la humanidad que vendrá después.

Mientras escribo, Pat está ayudando a cuidar a nuestras nuevas nietas gemelas, Heidi y Kristen, junto con sus hermanos mayores, Matthew y Zachary. Algún día, alguno de ellos podría preguntarnos: «¿Por qué Dios creó a los niños y a las niñas de manera diferente?» ¿Qué deberíamos decirles? Podríamos decirles que Dios no quería que estuviéramos solos, así que nos creó a dos para que pudiéramos ayudarnos mutuamente. Podríamos decir que Dios ama la unidad entre las personas, pero también se deleita en la maravillosa diversidad, y que solo trabajando juntos podemos cumplir los propósitos de Dios para la humanidad. Podemos asegurarles que ser creados niño o niña es algo muy bueno, ya que ambos géneros reflejan la imagen de Dios.

Ojalá pudiéramos detenernos ahí. Pero, para ser completamente honestos con nuestros nietos, debemos decirles que la relación armoniosa para la que fuimos creados se ha visto gravemente dañada por no haber hecho la voluntad de Dios. Aquí es donde Génesis 3 nos lleva a ver la historia de un antiguo jardín.

¿Qué pasó en el Jardín del Edén?

Eva comió del fruto prohibido, al igual que Adán, y Dios los castigó a ambos. Dios le dijo a Eva: «Con dolor darás a luz hijos. Desearás a tu marido, aunque él te dominará». Luego, Dios le dijo a Adán: «Con sudor y esfuerzo vivirás de la tierra, y luego morirás» (Génesis 3:1-6, 14-20).

Algunos de ustedes se preguntarán por qué escribo sobre el pecado y el fracaso en un capítulo titulado «Descubriendo la creación perfecta de Dios». Bueno, hay dos razones. Primero, la belleza del compañerismo mutuo para el que fuimos creados se destaca con mayor claridad al contrastarla con las luchas de poder que resultaron del fracaso de la humanidad. Este es el contexto interpretativo que nos da la Escritura. Segundo, es la primera vez que el patriarcado (es decir, el «dominio masculino») aparece en la Biblia. ¡Los relatos de la creación ni siquiera lo mencionan!

En Estados Unidos, donde yo vivo, hay una cultura muy competitiva. Nos la inculcan desde nuestras primeras experiencias, desde los deportes escolares hasta las calificación escolares y todo lo demás. Por el lado positivo, puede impulsarnos a alcanzar mayores logros. Por el lado negativo, puede distanciarnos unos de otros, fomentando una mentalidad destructiva de ganar a cualquier precio. ¿Dónde empezó todo esto? ¡Adivinaste! ¡Justo aquí en Génesis!

La escena comienza con Satanás apareciendo como una serpiente para engañar a la mujer, desafiando la autoridad e integridad de Dios. Anteriormente, Dios le había dicho a Adán que no debía comer del árbol del conocimiento del bien y del mal, y aparentemente, Adán le había transmitido esa información a Eva (Génesis 2:16-17). Sin embargo, ella fue engañada para que hiciera precisamente eso, tras lo cual Adán se unió a ella y juntos quebrantaron el mandato de Dios.

Lamentablemente, cuando Dios los confrontó, ninguno de los dos estuvo dispuesto a asumir la responsabilidad de sus acciones; en lugar de eso, jugaron al «juego de la culpa». Primero, Adán culpó a Eva, la mujer que Dios le había dado. En otras palabras, culpaba a Dios por haberle dado a su compañera. Luego, Eva culpó a la serpiente, probablemente con la misma implicación respecto a Dios. Al final, Dios juzgó a cada uno, pero en orden inverso: la serpiente, la mujer y el hombre. Para mantener el equilibrio, Dios confronta primero al hombre, pero juzga primero a la mujer. Ninguno es tratado con privilegios ni prejuicios. Más bien, cada uno es considerado responsable, aunque de maneras diferentes.

Cabe destacar aquí que la humanidad compartirá un aspecto de la maldición de la serpiente. Un descendiente de la mujer algún día vencerá al representado por la serpiente (Génesis 3:15). Aunque la mujer debe pagar por su fracaso, hay gracia en el juicio, pues así como la mujer lideró la caída de la humanidad, ¡también liderará la redención de la humanidad! Jesús, el Mesías, algún día nacerá de una mujer (Gálatas 4:4) con el propósito de redimir a la humanidad en su crucifixión y resurrección. Así como Dios equilibró el orden de la creación con el de la procreación, y el orden de la confrontación con el del juicio, también equilibra el juicio individual de Eva con el gran privilegio de María como madre de Jesús.

También es importante entender que los juicios (no maldiciones) sobre la mujer y el hombre son *descriptivos*, no *prescriptivos*. Es decir, *describen* lo que vendrá, no son un mandato que surja de la voluntad de Dios. De hecho, son una triste distorsión del modelo de la creación. La mujer dará a luz hijos en con dolor, y aunque su deseo será hacia su esposo, él se convertirá en su amo (Génesis 3:16). Nuevamente, la clave para entender estas palabras es su contexto. Este es un juicio sobre la humanidad, no una bendición. Dios le dice a Eva cómo serán las cosas de ahora en adelante debido a su pecado. Ella no solo enfrentará dolor al dar a luz hijos, sino también una lucha de poder con su esposo. Ella deseará dominarlo, pero él finalmente la dominará a ella (compárese con la redacción similar en la historia de Caín y Abel en Génesis 4:7).

El juicio sobre Adán es similar al de Eva. Él también enfrenta una lucha dolorosa, aunque la suya será con la tierra de la que fue sacado, y a la que ambos regresarán. Cada uno comparte el juicio del otro, pero cada uno tiene su propia carga. Como señala Jonalyn Grace Fincher, una amiga nuestra escritora y oradora, en su excelente libro titulado *Ruby Slippers:* «Los hombres no son de Marte, ni las mujeres de Venus; a decir verdad, ¡ambos somos del Edén!»

Es importante comprender que la lucha de poder entre hombres y mujeres —en la que el hombre emergerá como dominador— aparece primero en el contexto del dolor al que se enfrentará Eva al dar a luz y de Adán al trabajar la tierra infestada de espinos. Como son consecuencias por el pecado, ambos son radicalmente diferentes a la voluntad original y buena de Dios para la humanidad. De hecho, Jesús vino a redimirnos de estas cosas, a salvarnos de las consecuencias de nuestros fracasos. El gran compositor de himnos del siglo XVIII, Isaac Watts, captó bien este mensaje en la versión en inglés del conocido villancico navideño «Joy to the world»[«Al mundo paz»]:

No more let sins and sorrows grow,
Nor thorns infest the ground;
He comes to make His blessings flow
Far as the curse is found.
[Los pecados y las penas ya no crecerán
Ni las espinas infestarán el suelo
Él viene para derramar sus bendiciones
Donde sea que la maldición se encuentre].

Al leer Génesis 1-3 en su contexto, podemos descubrir la buena creación de Dios en marcado contraste con las relaciones deterioradas que resultaron de nuestro fracaso humano. También podemos darnos cuenta de cuánto de nuestro propio «equipaje» hemos traído con nosotros, o cuántos de nuestros propios prejuicios hemos aprendido de nuestra familia y cultura.

Puede ser liberador descubrir la belleza y sencillez del compañerismo mutuo de la primera pareja. Su modelo es aplicable tanto a casados como a solteros. El objetivo es practicar nuestro compañerismo mutuo como personas creadas a imagen de Dios, ya sea en nuestras relaciones como cónyuges, de hermanos o simplemente de amigos.

La historia de la creación y la caída de Génesis 1-3 trata principalmente de la intimidad personal del primer hombre y la primera mujer, así como de su lucha conjunta contra el fracaso humano. Sin embargo, los principios que se encuentran aquí siguen siendo aplicables a la forma en que las mujeres y los hombres se relacionan hoy en día, tanto dentro como fuera del matrimonio. Sin embargo, se debe tener cuidado al generalizar a partir de los textos de la creación y la caída. Nuestras experiencias tan diferentes como individuos añaden una capa significativa de complejidad a la experiencia de un solo hombre y una sola mujer en el principio de los tiempos. Tengamos esto presente al reflexionar sobre las siguientes preguntas para dialogar.

Reflexión y diálogo

1. Si está casado/a, ¿cuáles son dos o tres diferencias beneficiosas entre tú y tu cónyuge? ¿Cómo pueden aprovecharlas para fomentar la unidad y la armonía?

2. Como individuo (ya sea que estés soltero/a o casado/a), ¿cuáles son algunas de las características únicas que posees que pueden beneficiar a otros

3. ¿Cuáles son algunos ejemplos de «ayudas idóneas» en tu experiencia personal? Busca ejemplos específicos.

4. ¿Alguna vez has temido estar solo/a, quizás al estar lejos de tu hogar o tu familia? ¿Cómo te han ayudado en esos momentos?

5. ¿Ha habido momentos en los que pudiste ayudar a alguien que estaba solo, pero decidiste no hacerlo? ¿Qué te impidió hacerlo?

6. Piensa en alguna ocasión en la que te hayas visto envuelto en una lucha de poder con un amigo o pareja. ¿Pudiste superar la situación y restablecer la mutualidad? ¿Cómo lo lograste?

7. ¿Cuándo has tenido problemas de poder? ¿Es demasiado tarde para restaurar la relación? ¿Qué harías diferente la próxima vez?

— 2 —

Aprendiendo de las mujeres de la Escritura
Relatos bíblicos

A todos nos encanta una buena historia. Contar historias impacta nuestras vidas de maneras que otros métodos de enseñanza no pueden. Jesús enseñó así la mayor parte del tiempo. Cuando hablo con mis alumnos sobre la cuestión del género, suelo hacer lo mismo.

Además de los pasajes a los que se hace referencia con más frecuencia, como los que se analizarán en los capítulos siguientes, a menudo les señalo las historias de mujeres en las Escrituras que han desempeñado importantes roles de liderazgo, o de aquellas que simplemente desean sentarse a los pies de Jesús y estudiar como uno de sus discípulos.

En este capítulo, analizaremos tres ejemplos de este tipo. Débora fue una mujer del Antiguo Testamento con carácter firme que dirigió a Israel comunicándoles la voluntad de Dios mediante profecías con autoridad y decisiones judiciales. En los Evangelios, María de Betania ofrece una hermosa imagen de una mujer discípula de Jesús. Él la elogió abiertamente por elegir este camino, aunque contradijera las normas de la cultura de la época. Y finalmente, en los saludos de

Pablo a la iglesia de Roma, elogia a una mujer llamada Junia, una colaboradora, quien se destacó entre los apóstoles. Todas fueron mujeres extraordinarias, usadas por Dios de maneras extraordinarias.

¿Dios habla o guía a través de las mujeres en la Biblia?

Como jueza, Débora presidió la corte en la encrucijada de dos importantes rutas en la región montañosa de Israel, donde la gente acudía a ella para resolver sus casos. Como profetisa, convocó a Barac y le ordenó, en nombre de Dios, que luchara contra los cananeos en el valle de Jezreel (Jueces 4:4-6).

Sin duda, la líder más famosa de las Escrituras es Débora, quien fue comisionada por Dios como profeta y jueza para liderar a Israel en un momento crucial de su historia. El relato en el que aparece, en Jueces 4-5, transcurre en una época en la que no había rey en Israel y cada uno hacía lo que le parecía bien (Jueces 17:6; 25:1). Incluso los grandes héroes de la fe, como los jueces Gedeón, Barac, Sansón y Jefté (Hebreos 11:32-34), tuvieron dificultades en su relación con Dios y en su liderazgo de la joven nación. Débora se destaca en este contexto como una líder que sirvió con excelencia, respetada y buscada por quienes la servían.

Al pensar en los jueces modernos, nos vienen a la mente diversas imágenes, generalmente provenientes de series o realities de televisión. Pero, ¿qué significaba ser juez en el antiguo Israel? Estos jueces cumplían dos tareas: resolver disputas civiles y liderar ejércitos en batalla. En ambas funciones, hablaban con autoridad, y sus sentencias civiles y órdenes militares eran obligatorias.

Débora sirvió como jueza principalmente en el primer sentido: resolver disputas civiles. Su tribunal se ubicaba bajo una palmera que llevaba su nombre, en el cruce de las dos principales rutas del país. Allí, personas de todos los territorios tribales acudían para consultar su sabio juicio. Era muy conocida y respetada por este aspecto administrativo de su trabajo (Jueces 4:5). Jueces como Débora tenían la responsabilidad de discernir la verdad y, al mismo tiempo, promover la unidad del pueblo de Dios. No era una cuestión de elegir entre una u otra. Más bien, estos dos componentes constituían la parte administrativa del deber de un juez. Allí era donde su sabiduría se traducía en acción.

Pero los jueces antiguos, a diferencia de los contemporáneos, también debían liderar los ejércitos de su nación en la batalla. Aunque Débora también podría haber desempeñado esta tarea, llamó a un hombre de un territorio tribal a más de ochenta kilómetros de distancia (un viaje de unos dos días a pie en aquel entonces). ¿Por qué? De nuevo, su sabiduría es evidente. Además de que los hombres suelen ser más hábiles y experimentados como guerreros, Barac habría estado familiarizado con el campo de batalla, ya que estaba cerca de su hogar. Los buenos líderes eligen buenos ayudantes para que los asistan en momentos de necesidad.

En este contexto, Débora actuó como profetisa que hablaba en nombre de Dios a su pueblo. Profetizar era como dictar sentencias judiciales, ya que ambas implicaban ejercer autoridad en nombre de Dios.

Para ser claros, Dios nunca pretendió que la autoridad profética residiera en el profeta. Más bien, los profetas hablaban con autoridad solo cuando representaban con precisión lo que Dios decía. Sin embargo, ¡hablaban con autoridad! Por ejemplo, Débora no le pregunta cortésmente a Barac qué pensaba de liderar un ejército en la batalla. No, ella le dijo: «El Señor, el Dios de Israel, ordena: «Ve y reúne en el monte Tabor a diez mil hombres» (Jueces 4:6). Ella era su «comandante en jefe».

Curiosamente, Barac insiste en que Débora lo acompañe a la batalla. Cuando era estudiante del seminario teológico, solía pensar en

Barac como un cobarde tembloroso aferrado a las faldas de Débora. Entonces, un día noté que en el Nuevo Testamento se le menciona como una gran persona de fe, aquellos de quienes se dice que «el mundo no merecía gente así» (Hebreos 11:38). Quizás quería un profeta con él por si necesitaba tomar una decisión urgente en el fragor de la batalla, o quizás porque la nación ya respetaba el liderazgo de Débora.

De cualquier manera, la petición de Barac se interpreta mejor como un ejemplo de su fe en Dios y su disposición a someterse a la Palabra de Dios transmitida a través de Débora, su mensajera. Esto también se evidencia cuando acepta ir a la guerra sabiendo que el mérito de la victoria recaería en otra mujer, Jael (Jueces 4:9, 16-23). Esta no es la acción de un cobarde, sino la de un gran guerrero que, al mismo tiempo, es lo suficientemente humilde como para respetar a su comandante, incluso si es mujer.

No hay indicio alguno en la historia de Jueces 4-5 de que Dios desaprobara en absoluto el servicio de Débora como profeta o jueza. Tampoco encontramos que el pueblo de Israel se mostrara reacio a aceptar sus decisiones ni a acompañarla en la batalla. En cambio, Débora es un ejemplo estelar de una mujer extraordinaria que sirvió de maneras extraordinarias con la bendición y el poder de Dios sobre ella. Al igual que la familia de la «mujer fuerte» (traducción literal) de Proverbios 31, Lapidot, el esposo de Débora, y sus hijos —así como las generaciones posteriores— tienen buenas razones para proclamarla bienaventurada.

¿Qué piensa Jesús de las mujeres como discípulas?

María de Betania escuchaba a Jesús enseñar cuando su hermana Marta insistió en que ayudara en la cocina. Jesús le respondió: «Marta, te preocupas por muchas cosas, pero solo necesitas una. María ha elegido lo mejor, y nadie se lo quitará» (Lucas 10:38-42).

Muchos de nosotros crecimos aprendiendo sobre los discípulos de Jesús a través de la pegadiza canción: «Doce discípulos siguieron a Jesús... Pedro, Mateo, Jacobo hijo de Alfeo... O, si eres un poco más sofisticado, puede que te venga a la mente la exquisita pintura de Leonardo Da Vinci de 1498 «La última cena», con los doce discípulos varones de Jesús compartiendo una Pascua final con su Maestro.

De cualquier manera, probablemente pensabas en los discípulos de Jesús como hombres; sí, todos hombres. Rara vez pensamos en el grupo más grande de setenta y dos discípulos que también fueron enviados por Jesús (Lucas 10:1-23), ni en las discípulas que viajaron con él y apoyaron su ministerio económicamente con sus propios recursos. Algunas de estas mujeres incluso se reunieron con el círculo íntimo de «Los doce» (Lucas 8:1-3). María de Betania fue discípula del Maestro como muchas otras mujeres sabias y valientes de su época.

Marta y María vivían con su hermano Lázaro en la pequeña aldea de Betania, cerca de Jerusalén. Como seguidores de Jesús, le proporcionaban alojamiento cuando estaba en la zona. Un día, Marta estaba preparando la cena como era costumbre cuando Jesús y sus discípulos la visitaban. Al notar que su hermana menor, María, no la ayudaba con las tareas, Marta fue a buscarla y la encontró sentada con los demás discípulos, aprendiendo del Maestro.

Indignada, Marta reprendió a su impetuosa hermana menor por descuidar su rol tradicional, esperando la aprobación de Jesús. En cambio, él insistió en que María había tomado la mejor decisión. Se atrevió a superar las limitaciones impuestas por su cultura y a unirse a los discípulos para aprender del rabino más grande que Israel haya conocido. Por esto, Jesús la elogió, asegurándole que era bienvenida a compartir un lugar tan privilegiado junto a los hombres.

Solo había una cosa realmente necesaria para una joven judía del siglo I en la Palestina romana. No, no era cocinar ni limpiar, ni ser una buena esposa y darle hijos a su esposo. Estas ciertamente habrían figurado entre las pocas cosas importantes, pero no entre la única necesaria. Lo mejor que María podía hacer era convertirse en discípula de Jesús.

Mientras cursaba mis estudios de posgrado en la Facultad de Teología Talbot a mediados de la década de 1970, la escuela apenas comenzaba a permitir que las mujeres se matricularan en los programas de Maestría en Divinidades y Maestría en Teología. Aunque se fundó en 1952, sus directivos tardaron veinticinco años en descubrir que era aceptable que las mujeres estudiaran la Biblia y la teología cristiana a este nivel. Aunque ya han pasado muchos años desde ese entonces, muchos hombres y mujeres en la iglesia actual todavía creen que este tipo de estudios son solo para hombres.

Sin embargo, cada vez más mujeres estudian la Escritura por sí mismas, y más específicamente la cuestión del género. Muchas simplemente desean conocer mejor la Palabra de Dios aprovechando las numerosas herramientas de estudio que antes solo estaban disponibles para los hombres. Otras sienten un claro llamado al ministerio pastoral.

Varias me han contado sus experiencias, contándome de una «Marta» que conocieron —es decir, una amiga, familiar o pareja— que les ha aconsejado retomar un rol más tradicional para las mujeres. «Después de todo», les dijeron, «Dios diseñó el cerebro de los hombres para comprender la Biblia y la teología mejor que el de las mujeres». O, como lo expresó otra colega: «Los hombres sacrifican las relaciones por la verdad, mientras que las mujeres sacrifican la verdad por las relaciones». A decir verdad, ambos son estereotipos tristes e infundados que obstaculizan el camino de las mujeres llamadas por Dios al ministerio.

En contraste, he tenido el privilegio de decirles a estas «Marías» contemporáneas que, si bien son sensibles a los consejos de los demás, deben seguir al Maestro con todo el corazón, como discípulos suyos. En palabras de Jesús: «solo una cosa es necesaria» (Lucas 8:42).

¿Qué piensa Pablo acerca de las mujeres como apóstoles?

Dénles mis saludos a Andrónico y a Junia, mis parientes judíos que han estado en prisión conmigo. Ellos son destacados entre los apóstoles y creyeron en Jesús antes que yo (Romanos 16:7).

A menudo no nos damos cuenta de cómo las ideas preconcebidas pueden afectar nuestra lectura de un pasaje de las Escrituras, aunque luego de reflexionar más nos terminamos dando cuenta. Por ejemplo, cuando comencé a estudiar la cuestión del género, asumí que solo los hombres podían ser apóstoles en la Biblia. Después de todo, Jesús solo permitió que los hombres fueran miembros del selecto grupo de «los doce». Además, esta suposición parecía coherente con lo que leí en mi Biblia, que en Romanos 16:7 tenía el nombre masculino «Junias» en lugar del nombre femenino «Junia» (como en mi paráfrasis anterior, así como en muchas otras versiones bíblicas). ¿Qué sucede en este versículo?

Comencemos con la pregunta: «¿Por qué seleccionó Jesús a doce hombres judíos para conformar su grupo más cercano de discípulos?». Sí, la parte de «judío» se suele pasar por alto. Pero para ser exhaustivos, debemos considerar por qué eran «doce» y por qué todos eran «judíos», además de por qué todos eran «hombres». Al considerar todos estos hechos en conjunto, la respuesta queda clara. Aunque el evangelio pretendía llegar a todos los grupos étnicos, se predicó primero al pueblo del Antiguo Pacto de Dios: los judíos (los escritos de Pablo lo reflejan en Romanos 1:16; 2:9-10). Con esto en mente, el número doce fácilmente podría haber representado a las doce tribus de Israel, y los hombres judíos habrían completado el simbolismo del liderazgo judío tradicional. En otras palabras, además de la conveniencia de que personas del mismo sexo viajaran juntas en un grupo pequeño e íntimo (algo significativo en sí mismo), Jesús usó el modelo de los «doce hombres judíos» para dar un buen testimonio al público judío al que buscaba convertir primero.

Sin embargo, esto no justifica que las mujeres y los gentiles sean excluidos del liderazgo de la iglesia (curiosamente, ¡la gente suele asumir que las mujeres deben ser excluidas y los gentiles incluidos!). Si vamos a restringir a las mujeres hoy en día porque no estaban entre «los Doce», entonces deberíamos permitir que solo los creyentes judíos dirijan la iglesia y exigir que las comisiones directivas de las iglesias tengan doce miembros. Pero este no es el punto que plantean los escritores bíblicos. Más bien, Pablo llevó a los gálatas más allá del modelo estrictamente judío para acoger una creciente congregación gentil (como descubriremos en el capítulo 3). De hecho, Pablo aplica explícitamente el mismo principio a las mujeres (Gálatas 3:28).

Ahora bien, ¿qué hay de «Junia» vs. «Junias» en los saludos de Pablo a la iglesia de Roma (Romanos 16:7)? Bueno, al investigar esta cuestión con más profundidad hace años, descubrí que el femenino «Junia» en traducciones más recientes no es resultado de los movimientos feministas modernos de los siglos XIX y XX. Esto se desprende del hecho de que ya en 1602 la traducción de Casiodoro de Reina y Cipriano de Valera traducía «Junia» como femenino. Sin embargo, algunas versiones del siglo XX (por ejemplo, la RVR 1960 y la DHH) lo cambiaron injustificadamente al masculino «Junias». ¿Por qué?

Nuevamente, investigué más a fondo y descubrí que la mayoría de los manuscritos griegos dicen *Iounían*, que debería traducirse como «Junia» (femenino). Aunque algunos otros manuscritos griegos dicen «Julia» (el nombre de otra mujer). Entonces, ¿cómo sabemos que el nombre es femenino? Lo cierto es que existen muchos ejemplos del nombre femenino «Junia» en la literatura griega de esta época, mientras que no hay ningún ejemplo del nombre masculino «Junias». Teniendo en cuenta esto, y la lectura alternativa de «Julia» en los manuscritos, parece mucho más probable que se trate de un nombre de mujer. Afortunadamente, traducciones más recientes, como la Nueva Versión Internacional y la Nueva Traducción Viviente, han retomado esta traducción anterior y más precisa.

¿Qué dice entonces Pablo sobre Junia? Él declara que ella y Andrónico era «destacados entre los apóstoles». Junia no era solo una apóstol; ¡era una apóstol excepcional! ¿Y qué hacía como «apóstol»? La palabra significa, literalmente, «enviada» con el mensaje del evangelio. Los apóstoles eran como evangelistas y misioneros modernos, excepto que, en los primeros tiempos de la iglesia primitiva, los apóstoles tenían mayor autoridad. En aquel entonces, los miembros de la iglesia aún no tenían copias de las Escrituras para leer, especialmente del Nuevo Testamento. Así que los apóstoles transmitían la doctrina correcta al pueblo, tal como Priscila y Aquila (un matrimonio) lo hicieron con Apolos en Hechos 18:24-26. Además, lo hacían con «autoridad apostólica», como el propio Pablo suele enfatizar en sus cartas (Romanos 1:1; 1 Corintios 1:1; 2 Corintios 1:1; Gálatas 1:1).

En resumen, las historias de Débora, María y Junia son representativas de otras mujeres en la Biblia, como las profetisas Miriam (Miqueas 6:4; Éxodo 15:20), Hulda (2 Reyes 22:8-20; 2 Crónicas 34:19-28) y Ana (Lucas 2:36-38), así como las discípulas Juana (mayordoma de la casa de Herodes), María Magdalena y Susana, quienes a veces incluso viajaban con los Doce (Lucas 8:1-3). Sí, mujeres valientes fueron llamadas a desafiar las suposiciones tradicionales sobre los roles de género a lo largo de las Escrituras. Afortunadamente, muchas respondieron a la guía de Dios para estudiar, enseñar y liderar al pueblo de Dios junto con sus hermanos.

Reflexión y discusión

1. ¿Has escuchado o te han contado alguna vez una «historia de superación» de una mujer debido a su género? ¿Qué la causó? ¿Qué lecciones podemos aprender?

2. ¿Hay alguna «Débora» en tu iglesia que hable la Palabra de Dios con gran valentía (predicadora) o que tenga dones y sabiduría para la administración (diáconisa o anciana)? ¿Qué podrían hacer tú y tu iglesia como para alentarla?

3. ¿Qué pasos concretos podría tomar tu iglesia para alentar mejor a una «María» entre ustedes que desee obtener una mejor formación de discipulado y educación teológica y en la Biblia?

4. Si eres mujer, ¿podrías nombrar a algún hombre en tu vida que te haya animado en el discipulado o el ministerio? ¿Qué de lo que hizo fue lo más significativo? Si eres hombre, ¿alguna vez has sido la voz de apoyo de Jesús para una «María» en tu vida?

5. ¿Hay alguna «Junia» en tu congregación —una misionera, evangelista o maestra— que destaque en su labor? Si es así, ¿hay algún «Pablo» entre ustedes que avale públicamente su ministerio?

6. ¿Alguna vez has invocado una tradición eclesiástica o una norma cultural para «poner a una mujer en su lugar»? ¿O eres una mujer que ha experimentado esto? ¿Cómo pueden las historias de estas mujeres bíblicas servir como remedio a tales abusos?

— 3 —

Aceptando nuestra unidad en la comunidad cristiana
Gálatas 3

Como creyentes, todos somos hijos de Dios por la fe, sin importar nuestra etnia, condición social o género. Estas antiguas divisiones ya no son relevantes en la iglesia de Cristo. En cambio, debemos vivir como una comunidad unida de coherederos de las promesas de Dios (Gálatas 3:26-28).

Piensa en la iglesia donde te congregas o en una organización cristiana que conozcas. ¿Siguen siendo un problema las cuestiones de etnia, estatus social o género? ¿Y a ti personalmente? ¿Te cuesta distinguir las ideas preconcebidas de la verdad bíblica? ¿Cómo deberíamos nosotros, como cristianos, responder a los cambios que se han producido en los últimos dos siglos? ¿A veces todo te resulta abrumador?

¡Ánimo, nuestro Dios es un Dios de esperanza! El compañerismo mutuo que Adán y Eva perdieron en el Edén aún puede restaurarse en una auténtica comunidad cristiana. De hecho, ¡ese es el plan de Dios! En la comunidad de la iglesia, Dios aborda el problema aparentemente insuperable de las consecuencias del pecado que afectan a mujeres y hombres. Aquí, el descendiente prometido de Eva (Jesús) ha aplastado la cabeza de la serpiente en el evento redentor de la cruz (Génesis 3:15; Gálatas 4:4). Ha comenzado una nueva era.

En ningún otro lugar se presentan con mayor claridad y claridad las ramificaciones de esta maravillosa verdad para las relaciones de género que en la carta de Pablo a las iglesias de la provincia romana de Galacia (actual Turquía). Escrita al principio de su ministerio (alrededor del 48-55 d. C.), Gálatas se dedica casi por completo al problema de la unidad entre creyentes judíos y no judíos (o «gentiles»). En respuesta a las divisiones entre ellos, el apóstol proclama con valentía: «Ya no hay judío ni no judío, esclavo ni libre, hombre ni mujer, sino que todos ustedes son uno solo en Cristo Jesús» (Gálatas 3:28).

La proclamación inusualmente directa de Pablo resulta impactante, especialmente si se consideran sus antecedentes. Pablo era un rabino judío conservador y ciudadano romano que aceptó la fe en Jesús como el Mesías. Como hombre erudito en el mundo grecorromano, podría haber estado familiarizado con las alabanzas de Sócrates a los dioses paganos por haber nacido humano en lugar de animal, hombre en lugar de mujer y griego en lugar de otra etnia. Como rabino judío, casi con seguridad conocía la clásica oración talmúdica: «¡Gracias a Dios que no soy esclavo, gentil ni mujer!».

Quizás por eso Pablo amplía el alcance de su declaración para incluir a esclavos y mujeres. Pero, para empezar, ¿qué quería decir con respecto a los gentiles? La clave para comprender la declaración de Pablo se encuentra en Gálatas, así como en su breve carta a Filemón, un amigo cercano y dueño de esclavos.

¿Qué tienen que ver los judíos y los gentiles con la cuestión del género?

¡Todo! Pablo, un rabino judío llamado por Dios para ser apóstol de los gentiles, ofrece a sus lectores un paradigma para comprender cómo abordar la etnicidad, el estatus social y el género en la iglesia cristiana. En resumen, lo que la muerte de Cristo en la cruz hizo por los gentiles, también lo hizo por los esclavos y las mujeres en la nueva comunidad del pueblo de Dios.

En Gálatas 1, Pablo argumenta que el evangelio completo de la justificación por la fe se ha extendido a los creyentes gentiles mediante su ministerio, el cual conlleva autoridad apostólica (Gálatas 1:1, 6-9, 13-19). En el capítulo 2, deja claro que los gentiles no necesitan vivir como judíos para ser plenamente incluidos en la comunidad del Nuevo Pacto de Dios, la iglesia. Por ejemplo, ni siquiera Tito, un griego converso y colaborador de Pablo, fue obligado a observar la práctica judía de la circuncisión (Gálatas 2:1-5). En otra ocasión, Pablo llegó al extremo de condenar públicamente al apóstol Pedro (imagínense estar presente en ese encuentro), junto con otros creyentes judíos, por negarse a sentarse a la mesa en comunión con los creyentes gentiles (Gálatas 2:11-14). ¡Se habría esperado más de Pedro después de que Dios lo guiara a la casa de Cornelio para presenciar la poderosa conversión de esa familia gentil (Hechos 10:1-48)!

Cuando comencé a estudiar el libro de Gálatas, muchos de mis maestros de Biblia me dijeron que a Pablo solo le preocupaba cómo Dios perdona los pecados solo por gracia, seamos judíos o no. Me aseguraron que no tenía mucho que ver con cómo vivíamos como iglesia de Cristo después de convertirnos en creyentes.

Otra interpretación de las palabras de Pablo la dio nuestro hijo Brett cuando cursaba segundo grado en una escuela cristiana. Su maestra les pidió a los alumnos que memorizaran varios versículos bíblicos clave, incluyendo Gálatas 3:28. Una mañana, mientras llevaba a Brett a la escuela, repasamos su versículo para memorizar de la semana. Como ya lo sabía bastante bien, decidí preguntarle qué creía que significaba (los maestros hacen ese tipo de cosas). Para mi sorpresa, respondió sin dudar: «Ah, nuestra maestra ya nos lo dijo.

Significa que algún día todos seremos iguales en el cielo».

¿Se aplican las palabras de Pablo solo a la etapa inicial de la fe o a cómo nos relacionaremos algún día en el cielo? Un análisis más detallado del libro de Gálatas revelará algo muy diferente.

Piénsalo un momento. Si al apóstol solo le interesaba cómo la gente llegó a creer inicialmente en Jesús, ¿por qué usa ejemplos de circuncisión, observancia de festividades y compañerismo en la mesa con respecto a los gentiles que ya eran creyentes? Después de todo, los gentiles han estado llegando a la fe al menos desde que una prostituta cananea llamada Rahab ayudó a Josué en la conquista de la tierra (Josué 2:1-21; 6:15-25) y una mujer moabita llamada Rut se casó con Booz, de Judea (Rut 1-4). De hecho, ambas mujeres gentiles figuran como antepasadas de Jesús, el Mesías «judío» (Mateo 1:5; Hebreos 11:31; Santiago 2:25).

Más bien, la cuestión que Pablo plantea en Gálatas es cómo vivimos juntos como pueblo de Dios después de creer que Jesús es el Mesías. ¿Pueden los creyentes gentiles ignorar las antiguas costumbres judías y aun así ser miembros respetados de la iglesia? Después de todo, la Ley de Moisés había establecido estas costumbres.

La respuesta de Pablo es directa y práctica. Declara que todos nos hemos convertido en cristianos por la fe, por la gracia de Dios, tanto judíos como no judíos. Además, la Ley de Moisés ha sido reemplazada por el evangelio de la gracia para todos los creyentes, no solo para los judíos. Todos los cristianos están unidos en Jesús el Mesías. El énfasis de Pablo a los gálatas es: «Se han convertido en uno por la fe; ahora vivan así con los gentiles, ¡incluso con los esclavos y las mujeres!».

¿Qué significa ser «uno en Jesús, el Mesías»?

En algunos países la circuncisión continúa siendo bastante común en los recién nacidos varones en la era moderna y no siempre se asocia con el pueblo judío. Sin embargo, la costumbre es antigua, y en un tiempo fue designada específicamente por Dios como señal de ser su pueblo elegido.

La comunidad de creyentes en el Nuevo Pacto que Jesús estableció con la iglesia es fundamentalmente diferente a la del antiguo pacto con la nación de Israel. Bajo el antiguo pacto, Dios usó al pueblo hebreo (posteriormente conocido como Israel, y luego como los judíos) para llevar su mensaje al mundo. Todos los que se asociaban con el modelo de comunidad israelita debían circuncidar a sus hijos como señal de su compromiso con este pacto (Génesis 17:1-14).

Cuando Israel se convirtió en nación, su pueblo no debía relacionarse con los no israelitas que vivían a su alrededor y practicaban religiones paganas. Estos «gentiles» podían unirse a Israel reconociendo al único Dios verdadero, pero debían circuncidarse junto con sus hijos y abandonar sus prácticas paganas. Esto les permitía vivir entre los israelitas, aunque no con plenos derechos de ciudadanía.

La distinción entre judíos y gentiles se mantuvo a lo largo de la historia del Antiguo Testamento. Los gentiles podían convertirse en creyentes con plena igualdad espiritual ante Dios, pero no podían vivir plenamente esa condición con los miembros israelitas de la comunidad del antiguo pacto. La circuncisión era obligatoria para los creyentes gentiles, pero no siempre podían compartir la mesa con los creyentes judíos.

Cuando Dios hizo a todos los creyentes uno en Jesús, se produjo un cambio radical. Bajo el modelo del Nuevo Pacto (Lucas 22:25; 2 Corintios 3:6), la circuncisión fue reemplazada por la «nueva creación», donde todos los creyentes se reconcilian con Dios y entre sí mediante un renacimiento espiritual (2 Corintios 5:16-21; Juan 3:1-14). El antiguo modelo se revirtió, de modo que la circuncisión ya no era necesaria y todos en la nueva comunidad de fe gozaban de plena ciudadanía. El «Mesías» judío (que significa «Ungido») también fue ungido para ser el Redentor de los gentiles.

En el centro del argumento de Pablo en Gálatas se encuentra una comunidad unificada donde se derriban las antiguas barreras divisorias del estilo de vida (no de la salvación). Al abordar este mismo problema en su carta a los creyentes de Éfeso, Pablo les dice que Jesús ha unido a judíos y gentiles al destruir el muro divisorio de hostilidad entre ellos con el propósito de fusionarlos en una nueva humanidad que será conocida como su cuerpo, la iglesia (Efesios 2:14-15).

¿Y cuál es el resultado final? Todos los creyentes en Jesús ahora tienen plena ciudadanía en la iglesia, ¡con todos sus derechos y privilegios! Las viejas barreras han desaparecido.

¿Hay lugar en la mesa para esclavos y mujeres?

Pablo le dijo una vez a Filemón, un amigo querido y compañero en el servicio cristiano: «Deja de tratar a tu esclavo Onésimo como a un esclavo. Más bien, trátalo como a tu hermano en el Señor, porque eso es lo que realmente es» (Filemón 1:17-21).

Además de los gentiles, otros dos grupos se encontraban entre aquellos con «ciudadanía de segunda clase» bajo el Antiguo Pacto: los esclavos y las mujeres. Los esclavos eran normalmente gentiles desfavorecidos y, por lo tanto, solían ser tratados con las mismas exclusiones que los demás gentiles, solo que peor. Y las mujeres, incluso las israelitas, tenían restringidos ciertos aspectos del culto y el servicio en el Tabernáculo, incluso si eran descendientes de Leví. Ni los esclavos ni las mujeres disfrutaban de los plenos derechos de ciudadanía de los hombres libres israelitas.

¿Qué dice entonces la carta de Pablo a Filemón al respecto?

Así como la carta a los gálatas se centró casi exclusivamente en la cuestión de los gentiles, la carta a Filemón se centra por completo en la cuestión de la esclavitud —específicamente en un esclavo fugitivo llamado Onésimo—. Si bien la carta de Pablo era una nota personal a su amigo Filemón, también debía ser compartida con los creyentes locales que se reunían en la casa de Filemón, en un poblado no muy lejano a la provincia de Galacia.

Bajo la ley romana, un esclavo fugitivo podía ser ejecutado por su amo si era descubierto. Esto hace aún más extraordinaria la petición de Pablo a Filemón, enviada por el propio Onésimo. Con la iglesia en su hogar como testigo, Pablo exhorta a Filemón a tratar a Onésimo ya no como esclavo, sino como a un querido hermano en el Señor (Filemón 1:16). El apóstol anula la antigua división entre esclavos y amos al exhortar a una nueva relación entre dos hermanos en Cristo. Más específicamente, Pablo instruye a Filemón, quien tenía el poder como dueño del esclavo, que renuncie a su poder por el bien de Onésimo, así como por el bien del evangelio. La razón era que Dios había establecido un nuevo modelo de comunidad que incluía tanto a gentiles como a esclavos como socios plenos de los hombres judíos libres.

Quizás ahora mismo estés pensando: «¿Qué tiene de nuevo todo esto? La iglesia hoy en día es prácticamente toda gentil». Pero, detente y piensa en lo reciente que ha sido reconocer que esclavos y libres deben ser una sola comunidad, tanto en la iglesia como en la sociedad en general. Yo era un adolescente que crecía en el área de Filadelfia en 1963 cuando el Dr. Martin Luther King Jr. pronunció su inolvidable discurso «Tengo un sueño». Fui a la universidad en Arkansas (1965-1969), en una ciudad donde a los afroamericanos no se les permitía comer ni alojarse. Y hace pocos años hemos sido testigos de la elección de Barack Obama como el primer presidente afroamericano de Estados Unidos.

Sí, sé que la esclavitud racial es, en algunos aspectos, diferente de la esclavitud económica que Pablo mencionó. Sin embargo, en definitiva, ambos tipos de esclavitud excluyen a cierto grupo de personas de ser miembros plenos de una comunidad. A la iglesia le llevó mucho tiempo reconocer nuestro error con respecto a la esclavitud, aunque, a efectos prácticos, finalmente lo hemos logrado. Lamentablemente, aún no hemos llegado a ese punto en cuanto al género.

Aquí es donde entra en juego la cuestión del género. En la época de Pablo, al igual que los gentiles y los esclavos, las mujeres generalmente estaban excluidas de «sentarse a la mesa» con los hombres. Al igual que María de Betania, se esperaba que sirvieran en la cocina en lugar de discutir asuntos más importantes con Jesús y los discípulos. Pero Pablo declaró que la verdad del evangelio lo cambia todo. De hecho, la estructura gramatical muestra que Pablo enfatiza con mayor fuerza la parte de «ni hombre ni mujer» de Gálatas 3:28. Es como decir: «¡Sí, incluso las mujeres son bienvenidas a la mesa!».

Con una declaración tan clara como esta, ¿por qué las cuestiones de etnicidad, estatus social y género siguen siendo un problema en las iglesias actuales, especialmente en lo que respecta al género? Muchas iglesias hoy en día aún se resisten a aceptar su unidad en Cristo al acoger a las mujeres en la mesa de la comunión junto con los hombres. Algunos dirían que más adelante en los escritos de Pablo, hace algunos comentarios restrictivos sobre las mujeres que matizan significativamente su declaración aquí en Gálatas. Veremos si este es realmente el caso cuando examinemos estos pasajes en los capítulos siguientes. Cuando lo hice por primera vez, me sorprendió lo que encontré, y aún más lo que no encontré.

Pero por ahora, ¿podemos reconocer que Pablo, en su carta a los Gálatas, incluye a las mujeres como miembros plenamente activos de la comunidad del Nuevo Pacto? Los gentiles y los esclavos son bienvenidos en las iglesias actuales en todos los niveles de participación sin restricciones; ¿por qué no las mujeres?

Reflexión y discusión

1. El tema de los privilegios o la discriminación por origen étnico sigue siendo un problema en muchas iglesias. ¿Qué puede hacer tu iglesia para eliminar estas barreras? ¿Estás dispuesto a participar

2. En la Biblia, la esclavitud se relacionaba principalmente con el estatus social (no con la etnia). ¿Cómo se refleja el tema del estatus social en tu iglesia o en tu trabajo? ¿Qué medidas puedes tomar para generar un cambio positivo?

3. Cuando Pablo hizo su notable declaración en Gálatas 3:28, no la limitó. ¿Por qué a menudo nos apresuramos a limitar esta declaración, por lo demás inclusiva, respecto a la mitad de la iglesia?

4. Ciertamente, a Filemón le costó superar su «historia» con su esclavo Onésimo (y viceversa). ¿Qué bagaje traes que te hace reacio a reconocer a las mujeres como iguales en la comunidad cristiana? ¿Cómo puedes superarlo?

5. ¿Crees que otros pasajes de la Biblia contradicen o limitan Gálatas 3:28? De ser así, ¿cuáles y cómo lo hacen? Intenta ser específico.

Aplicación para nuestra vida actual

Acabas de experimentar un vertiginoso viaje a través de la historia bíblica, desde la creación de Dios hasta el gran acto redentor de amor de Jesús. Repasemos lo que hemos descubierto y luego apliquemos los principios aprendidos a nuestra vida como cristianos.

En el capítulo uno, aprendimos que Dios creó a la humanidad a su imagen, como varón y mujer, y nos llamó a gobernar juntos el mundo. El diseño de la creación y el mandato que Dios le dio a la humanidad revelan un compañerismo mutuo entre personas iguales, aunque cada una posee diferencias beneficiosas (Génesis 1). El ejemplo de Adán y Eva como ayudas idóneas mutuas, el orden equilibrado de la creación y la procreación, y la reunificación de dos personas que habían estado separadas en la creación (Génesis 2) refuerzan esta comprensión del plan divino. En conjunto, los relatos de la creación ofrecen un hermoso retrato de mutualismo, libre de la influencia del patriarcado.

Trágicamente, la relación de la primera pareja se vio afectada por su incapacidad para vivir en armonía entre sí y con Dios (Génesis 3). Debido a esto, experimentarían penosas dificultades y una lucha de poder. Al final, el patriarcado reemplazaría la unión mutua como una triste distorsión del plan de Dios para la humanidad. Solo la promesa de que el Descendiente de Eva algún día aplastaría la cabeza de la Serpiente mantendría la esperanza de redención.

En el capítulo dos, examinamos los ejemplos de tres valientes mujeres en las Escrituras: Débora, María y Junia. Ellas representan a muchas otras mujeres en los relatos bíblicos que se arriesgaron por Dios. Débora ejerció como jueza, profetisa y comandante militar durante una época oscura y difícil (Jueces 4-5). María de Betania fue una discípula dedicada de Jesucristo (Lucas 10). Como muchas otras mujeres de su época, eligió seguir al Maestro. Y el gran apóstol Pablo reconoció a Junia como una de las apóstoles más destacadas que conoció (Romanos 16). Ella, junto con muchas otras cristianas, trabajó codo a codo con sus hermanos en Cristo como líderes de la iglesia primitiva. Al igual que la mujer sabia de Proverbios 31, estas mujeres de carácter firme son presentadas en las Escrituras para animar a las mujeres de hoy a atreverse a ser todo lo que Dios quiere que sean.

En el capítulo tres, analizamos el cambio radical que tuvo lugar con la llegada de Jesús el Mesías y la formación de una nueva comunidad del pueblo de Dios: la iglesia. En Cristo, las barreras tradicionales como la etnia (judío por encima del gentil), la condición social (persona libre por encima del esclavo) y el género (hombre por encima de la mujer) se volvieron irrelevantes tanto para la fe como para la práctica. Bajo el Nuevo Pacto, los cristianos están llamados a abrazar su unidad manteniéndose firmes en esta libertad. De hecho, debemos acoger plenamente a todos los creyentes en nuestra comunidad sin discriminación.

La Biblia es la Palabra de Dios dada para que vivamos bajo su autoridad. Esto significa que debemos discernir los principios perdurables que enseña y aplicarlos a nuestra vida. Así que, hagámoslo.

En primer lugar, la unidad y mutualidad de hombres y mujeres proporciona un modelo para todas las relaciones humanas. Dios nos diseñó para vivir juntos como ayudas idóneas mutuas, es decir, como compañeros iguales. Este principio general no se limita al matrimonio, sino que en todas nuestras relaciones debemos celebrar tanto nuestra unidad como seres humanos, como nuestra diversidad. De hecho, la mayoría de las relaciones se forman tanto por lo que compartimos como por lo que cada individuo puede aportar a la unión.

En segundo lugar, el patriarcado apareció por primera vez en la historia humana como una consecuencia del pecado que Dios le describió a Eva; aunque sus efectos aún persisten. Sin embargo, ¡la buena noticia es que Jesús vino a librarnos de las maldiciones del pecado! Todos coincidimos en que es bueno trabajar por un mundo libre de dolor y sufrimiento, incluso en cosas tan simples como las malas hierbas del jardín o tan grave como las complicaciones en el parto. Pero para ser coherentes, debemos trabajar también por un mundo que reemplace la dominación masculina por el compañerismo mutuo.

En tercer lugar, Dios ha elegido, capacitado y bendecido a grandes mujeres líderes de la Biblia, que rompieron los estereotipos femeninos de su época para servir al Dios que las llamó. Cuando hoy enfrentamos decisiones difíciles en nuestras iglesias, ¿buscaremos el consejo de mujeres sabias como Débora? Y cuando una como ella dirija nuestra congregación, ¿responderemos con fe y obediencia como Barac? Al relatar la obra de los grandes apóstoles que sentaron las bases de la iglesia, ¿honraremos a Junia como lo hizo Pablo? Y al pensar en enviar a nuestros mejores jóvenes a estudiar la Biblia y teología, ¿apoyaremos a aquellas mujeres que desean seguir al Maestro como María de Betania? Debemos responder afirmativamente a estas desafiantes preguntas. ¡Este no es momento para que los evangélicos se queden callados!

Finalmente, Jesucristo, el Descendiente de Eva prometido en Génesis 3:16, llegó y con su venida estableció la iglesia, una nueva comunidad del pueblo de Dios donde las barreras de etnicidad, estatus y género se volvieron obsoletas. ¿No crees que ya es hora de que abracemos más plenamente este precioso don de la unidad en Cristo? Este es el momento de afirmarnos en la verdad del evangelio de la gracia y en la libertad que Cristo nos da. Debemos dejar atrás el patriarcado para avanzar hacia el compañerismo mutuo, dejar atrás la ley para llegar a la gracia, dejar atrás la caída en el Edén para llegar a una nueva creación. Celebremos con palabras y en la práctica, la bondad del diseño divino desde la creación, un diseño de mutualidad, junto con las vidas de las mujeres piadosas de las Escrituras que compartieron el liderazgo espiritual con sus hermanos, ¡de hecho, en la unidad de la comunidad cristiana!

COMPAÑEROS
en el matrimonio

— 4 —

Entregándonos unos a los otros en amor

1 Corintios 7

Estén atentos a las necesidades sexuales de su cónyuge, tanto esposos como esposas. Ambos deben ceder la autoridad sobre sus propios cuerpos al otro. Y no se descuiden mutuamente, excepto por consentimiento mutuo y para dedicar un breve tiempo a la oración (1 Corintios 7:1-6).

¿Será que el miedo nos impide ceder nuestro aparente sentido de autoridad a nuestro cónyuge? A veces la respuesta es «sí», y con razón. Seguramente tienes una historia triste que contar, o conoces a alguien que la tiene, en la que la cesión de autoridad de un cónyuge resultó en el abuso de la autoridad del otro. Quizás algunos de ustedes hayan decidido no casarse por este miedo.

Las relaciones íntimas conllevan un gran riesgo. Por eso, como dice el viejo refrán: «El matrimonio no debe contraerse a la ligera ni imprudentemente, sino en el temor del Señor».

Ningún texto bíblico aborda la cuestión del compañerismo mutuo en el matrimonio de forma más equilibrada y extensa que 1 Corintios

7:1-40. Sin embargo, al mismo tiempo, ningún otro texto ha sido tan descuidado en los escritos contemporáneos sobre la cuestión del género. ¡Intentemos ayudar a corregir ese error!

En este capítulo, Pablo responde a una carta que los creyentes de Corinto le habían enviado previamente. Aunque no sabemos exactamente cuáles eran sus preguntas, podemos aprender mucho de las respuestas del apóstol. En su respuesta, Pablo corrige la visión distorsionada del matrimonio que tenían muchos en esa iglesia, quienes creían vivir en los últimos días y, por lo tanto, debían abstenerse del matrimonio, o al menos de las relaciones sexuales dentro del matrimonio.

El hilo conductor de todos los diversos temas de este capítulo es la mutualidad. Pablo se esmera en abordar a hombres y mujeres con imparcialidad en no menos de doce áreas en este capítulo. Esta sección es más extensa y completa que cualquier otro pasaje sobre el matrimonio en las Escrituras; de hecho, ¡más que todos los textos bíblicos sobre género juntos!

Antes de analizar algunos de los temas que Pablo plantea, observemos la simetría deliberada en sus palabras sobre la mutualidad en relación con el matrimonio, o la decisión de no casarse. La lista en el siguiente cuadro es casi abrumadora

1. Fidelidad en el matrimonio (7:2)

Cada hombre debe tener intimidad sexual con su propia esposa y cada mujer debe tener intimidad sexual con su propio marido.

2. Derechos del cónyuge (7:3)

El marido debe cumplir su deber conyugal para con su mujer y asimismo también la mujer para con su marido.

3. Cesión de autoridad (7:4)

La esposa no tiene autoridad sobre su propio cuerpo, sino que lo cede a su esposo. De la misma manera, el esposo no tiene autoridad sobre su propio cuerpo, sino que lo cede a su esposa.

4. Consentimiento para la abstinencia (7:5-6)

No deben privarse el uno del otro, a no ser de mutuo acuerdo y por algún tiempo, para poder dedicarse a la oración.

5. Pérdida de un cónyuge por muerte (7:8-9)

Ahora bien, a los solteros [viudos] y a las viudas les digo: Les conviene quedarse solteros, como yo. Pero si no pueden controlarse, que se casen.

6. Iniciando el divorcio con un creyente (7:10-11)

La mujer no debe separarse del marido (pero si lo hace, debe permanecer sin casar o reconciliarse con su marido); y el marido no debe divorciarse de su mujer.

7. Iniciando el divorcio con un incrédulo (7:12-13)

Si un hermano tiene una esposa no creyente y ella está dispuesta a vivir con él, no debe divorciarse de ella. Y si una mujer tiene un esposo no creyente y él está dispuesto a vivir con ella, no debe divorciarse de él.

8. Santificación del cónyuge incrédulo (7:14)

El marido incrédulo ha sido santificado por medio de su esposa y la esposa incrédula ha sido santificada por medio de su marido creyente.

9. Responsabilidad cuando un cónyuge incrédulo se va (7:15)

Pero si el incrédulo se va, que así sea. El hermano o la hermana no está atado en tales circunstancias; Dios nos ha llamado a vivir en paz.

10. La salvación de un cónyuge incrédulo (7:16)
¿Cómo sabes, esposa, si salvarás a tu marido? O, ¿cómo sabes, esposo, si salvarás a tu esposa?

11. Cambio de estatus (7:26-28a)
Debido a la crisis actual, creo que es bueno que un hombre permanezca como está. ¿Estás comprometido con una mujer? No busques liberarte. ¿Estás libre de tal compromiso? No busques esposa. Pero si te casas, no has pecado; y si una virgen se casa, no ha pecado.

12. Dedicación al ministerio (7:28b, 32, 34)
Aquellos que se casan enfrentarán muchos problemas en esta vida, y quiero ahorrarles esto... El hombre soltero está enfocado en el Señor para agradar al Señor. La mujer soltera o virgen está enfocada en el Señor para ser santa en cuerpo y espíritu.

¿Qué cónyuge tiene autoridad en un matrimonio?

Si estás casado, ¿cuántas veces has tenido desacuerdos con tu pareja sobre algo relacionado con la intimidad sexual? Bueno, no hace falta decirlo abiertamente. Pero, seamos sinceros, esta es una dura realidad en la mayoría de los matrimonios, incluso causa del fracaso de muchos. En cualquier matrimonio, es probable que uno de los cónyuges tenga un mayor deseo sexual que el otro. Además, esto puede revertirse con el tiempo por diversas razones, lo que crea una transición difícil en la mediana edad para muchas parejas.

Afortunadamente, el apóstol Pablo aborda la intimidad sexual en el matrimonio de forma directa en las primeras cuatro de sus doce declaraciones de mutualidad (7:2-5). A Pablo le preocupa que el deseo insatisfecho de intimidad sexual pueda llevar a una persona a buscar una solución en una relación extramatrimonial. Aunque el término no es popular en la sociedad contemporánea, la Biblia lo llama «inmoralidad». Por lo tanto, anima a quien tiene un fuerte deseo sexual a buscar una pareja adecuada y casarse, y a quien ya está casado a ser sensible al deseo sexual de su cónyuge.

Aunque Pablo eligió permanecer soltero para dedicarse más plenamente al llamado del Señor en su vida, permite a otros creyentes la libertad de disfrutar plenamente del don divino del matrimonio. Además, declara que en el aspecto más íntimo del matrimonio, ninguno de los cónyuges debe ejercer autoridad sobre el otro. Más bien, cada uno debe ceder su autoridad a la persona con quien comparte el don divino de la vida. Además, deben disfrutar del placer de la intimidad sexual en el matrimonio con frecuencia —sí, con frecuencia—, aunque no se trata de exigir sus derechos. De hecho, abstenerse de tener relaciones sexuales durante períodos prolongados, incluso para orar, solo debe hacerse por consentimiento mutuo y durante un tiempo relativamente corto.

No puedo dejar de enfatizar aquí la importancia de las palabras de Pablo. Este es el único lugar en la Biblia donde se usa la palabra «autoridad» en relación con el matrimonio. ¡Sí, así es, el único lugar! Y aquí el punto es que ninguno de los cónyuges tiene autoridad sobre su cuerpo; en cambio, cada uno debe ceder ese derecho al otro. Esto concuerda con las palabras de Pablo a Filemón con respecto a su esclavo Onésimo. Al que tenía la autoridad (en ese caso, el amo) se le dijo que la dejara; es decir, que dejara de tratar al esclavo como esclavo, y lo tratara como hermano (Filemón 1:16).

Además, en el siguiente capítulo de este libro descubriremos que este fue un ejemplo para Pablo. Nunca llama a gentiles, esclavos ni mujeres a levantarse y exigir sus derechos. En cambio, llama a judíos, amos y hombres a renunciar a su supuesta autoridad o privilegio y a tratar a gentiles, esclavos y mujeres como iguales en el evangelio. ¿Están escuchando? El ejemplo para Pablo es el propio Jesús:

> «En sus relaciones interpersonales, deben tener la misma actitud que Jesús tuvo. Aunque él es igual a Dios, abandonó voluntariamente esta ventaja para convertirse en un mortal como nosotros, incluso en un siervo humilde dispuesto a morir por nuestros pecados» (Filipenses 2:5-8).

Lamentablemente, cabe añadir una advertencia crucial. Si bien Pablo llama tanto a esclavos como a esposas a someterse, nunca les dice que permanezcan en una relación abusiva. Algunos señalarían que Pablo no aborda este tema directamente, y es cierto. Sin embargo, en el contexto del silencio bíblico, debemos seguir el ejemplo de gracia y compasión de Jesús hacia los oprimidos en la sociedad de su época. De hecho, la virtud de proteger a los grupos marginados y oprimidos se enseña claramente tanto en el Antiguo como en el Nuevo Testamento (por ejemplo, Job 31:16; Isaías 10:2; Zacarías 7:10; Santiago 1:27).

¿Qué pasa con la separación y el divorcio?

Aproximadamente la mitad de los matrimonios en las sociedades occidentales terminan en separación o divorcio; sí, incluso muchos matrimonios cristianos. Yo crecí en una familia extendida donde el divorcio era una realidad. Y solo por la gracia de Dios, mi esposa Pat y yo pudimos encontrar el camino tras varios años de profundas dificultades que fácilmente podrían habernos llevado por el mismo camino. Al igual que el protagonista en el libro *El progreso del peregrino* de John Bunyan, sabemos que en nuestro matrimonio de más de cuarenta años aún debemos elegir a diario «seguir el camino» o sufrir las trágicas consecuencias.

Pero como mortales, a veces nos desviamos del camino. Por eso el divorcio, aunque nunca se fomenta en la Biblia, se permite, aunque solo en las circunstancias más graves. Analicemos primero el contexto del Antiguo Testamento y los Evangelios, y luego las palabras de Pablo a los corintios.

En Mateo 19:1-9, Jesús les dice a los líderes religiosos de su época que el divorcio fue permitido originalmente por Moisés debido a la dureza del corazón humano y que solo debía permitirse en casos extremos como el adulterio (Mateo 19:8). Esto hace eco de la declaración del profeta Malaquías de que Dios aborrece el divorcio (Malaquías. 2:16). Por lo tanto, el principio general es evitar la separación y el divorcio en la medida de lo posible.

La única otra excepción notable es la del escriba Esdras, quien les ordena a los judíos que se habían casado con incrédulas durante el cautiverio babilónico que se divorciaran de ellas (Esdras 10:11). Casarse fuera de la fe fue un grave problema a lo largo de la historia de Israel; el ejemplo más famoso es el de Salomón, cuyas esposas paganas lo apartaron del único Dios verdadero (1 Reyes 11:1-6).

Entonces, ¿qué tiene que ver todo esto con 1 Corintios 7:10-16? Aquí Pablo da una regla general, expresada con un equilibrio preciso: los hombres y las mujeres no deben separarse ni divorciarse de sus cónyuges (vers. 10-13). Incluso cuando el cónyuge aún no es creyente, Pablo aconseja tanto a las mujeres como a los hombres que permanezcan en el matrimonio para ser una influencia positiva en sus cónyuges e hijos (vers. 14, 16).

Sin embargo, el apóstol luego equilibra su instrucción con palabras de gracia, afirmando que Dios desea la paz en circunstancias que escapan a nuestro control (vers. 15). Creo firmemente que la gracia que se muestra en este pasaje permite a una mujer que sufre en una relación con un hombre abusivo (o viceversa) tomar las medidas necesarias para traer paz a su vida y a la de sus hijos, incluso si eso implica, como último recurso, la separación o el divorcio.

Dicho esto, no debe olvidarse el impacto positivo que una esposa o esposo creyente puede traer a su cónyuge al permanecer en el matrimonio. Ambos pueden ser una influencia santificadora para quien aún no cree. En otras palabras, el creyente puede brindar un ambiente de beneficio espiritual tanto para el incrédulo como para sus hijos. Además, Pablo pregunta retóricamente: «Quién sabe si el incrédulo alcanzará la salvación» gracias al testimonio del cónyuge creyente.

Es significativo que la decisión de quedarse o irse, así como los beneficios santificadores o salvadores del creyente, pueden darse en ambos sentidos: del esposo a la esposa, o de la esposa al esposo. Como siempre con Pablo, la relación matrimonial debe ser de compañerismo mutuo.

¿Es mejor permanecer soltero?

En mi época de estudiante de secundaria (principios de la década de 1960), prácticamente esperábamos casarnos poco después de graduarnos. Además, un hombre o una mujer que decidía no casarse era visto con lástima o sospecha. Con desdén, pensábamos: «Probablemente será soltero para siempre». O: «Podría morir solterona». Salvo sacerdotes y monjas, la mayoría de la gente de aquel entonces no veía con buenos ojos la soltería.

Hoy en día, las cosas son un poco diferentes. La gente suele posponer el matrimonio hasta los treinta y tantos y tener una carrera profesional consolidada. Casarse o permanecer soltero se consideran opciones válidas.

¿Qué consejos da la Biblia respecto a este tema?

Cuando Jesús dio su estricta norma sobre el divorcio (Mateo

19:10), sus discípulos respondieron: «Bueno, entonces suponemos que es mejor no casarse». Para su sorpresa, Jesús permitió esta opción porque sabía que algunos no podían asumir el compromiso necesario para un matrimonio duradero (vers. 11-12). En pocas palabras, les dijo: «Si no están listos para el compromiso, ¡no lo hagan!».

Y Pablo va aún más allá al presentar la soltería como una virtud. A lo largo de 1 Corintios 7:1-40, afirma sus beneficios. Comienza diciendo que es bueno para un hombre o una mujer (claramente, en este contexto, para alguien que no estaba casado) no ser sexualmente activo (vers. 1). En otras palabras, permanecer soltero está bien; de hecho, ¡es bueno! Además, expresa su preferencia personal de que todos sus lectores tengan el don del celibato como él (vers. 6-7), aconsejando a quienes aún no están comprometidos con el matrimonio que consideren permanecer solteros (vers. 27). Explica que ser soltero libera al hombre o a la mujer para un mayor compromiso con el servicio a Cristo y a la iglesia porque no se distraen con las obligaciones del matrimonio (vers. 32-35, 40).

Pablo añade una excepción a esta instrucción: si una persona soltera decide casarse, debe hacerlo con otro creyente (vers. 39). Refuerza esto en su segunda carta a los Corintios al decir que los creyentes no deben casarse con incrédulos (2 Corintios 6:14) debido a la tentación de apartarse de la fe (vers. 14-18). Sin duda, recordaba el trágico ejemplo de Israel en tiempos de Esdras, que ya comentamos.

En este capítulo, Pablo aborda los temas de la autoridad en el matrimonio, la separación y el divorcio, la soltería y el matrimonio con alguien que aún no es creyente. Y en cada uno de estos temas, afirma enfáticamente un sentido de reciprocidad igualitaria entre hombres y mujeres —¡sí, doce veces en un solo capítulo! La idea de la igualdad de género dentro y fuera del matrimonio no surgió con los movimientos feministas de los siglos XIX y XX. Más bien, el apóstol Pablo predicó este mensaje hace casi 2000 años.

Reflexión y discusión

1. Si estás casado/a o en una relación que va en esa dirección, ¿cuántas veces has discutido sobre quién debería estar al mando? ¿Cómo podrías replantear esas discusiones para ceder la autoridad mutuamente en lugar de ejercerla?

2. Al hablar sobre la cuestión de la igualdad de género con alguien, ¿alguna vez temes defender la igualdad y la mutualidad por lo que pueda pensar la gente? ¿Por qué? ¿Te inspira más confianza la afirmación de Paul sobre estos ideales?

3. ¿Alguna vez has sentido que la intimidad sexual en tu matrimonio no está a la altura de tus expectativas o las de tu cónyuge? ¿Qué puedes hacer tú (no tu cónyuge) para practicar mejor el principio bíblico de ceder derechos?

4. ¿Te ha impactado el divorcio a ti o a alguien de tu iglesia? ¿Qué pueden hacer para animar a otros a considerar esta opción solo en las circunstancias más extremas? ¿Cómo pueden mostrar mayor compasión y perdón a quienes han fracasado o sufrido de esta manera?

5. Si estás soltero, ¿cómo han reaccionado tus amigos y familiares? ¿Cómo te ha dado esto la libertad de dedicar más tiempo a servir a Cristo y a la iglesia? ¿Qué responsabilidades únicas conlleva la soltería?

6. Aunque Dios creó la intimidad sexual para el matrimonio, hoy en día se ha popularizado la sexualidad activa antes de asumir dicho compromiso. Si esto te sucede, ¿estás dispuesto a elegir la abstinencia prematrimonial y a practicar tu sexualidad solo dentro de un matrimonio fiel?

7. Si estás casado/a con un no creyente, ¿cómo podrías vivir mejor para guiarlo/a a la fe? ¿Qué podrías hacer para ayudar a tus hijos a elegir este camino? Si estás considerando el matrimonio, ¿estás dispuesto a compartirlo solo con otro creyente?

— 5 —

Amarnos y servirnos unos a otros
Efesios 5

Llénense del Espíritu de Dios, sometiéndose unos a otros por reverencia a Cristo: esposas, a sus propios esposos como al Señor. Esposos, amen a sus esposas como Cristo, la cabeza de su cuerpo, la iglesia, la amó y murió por ella (Efesios 5:18, 21-33).

Recuerdo haber escuchado en una ocasión a un ministro que al oficiar en una boda le dijo a la novia: «Dios quiere que te sometas a tu esposo, obedeciéndolo en todo». Luego, se dirigió al novio y le dijo: «Y Dios quiere que seas el líder espiritual de tu esposa y que tomes las decisiones finales en su matrimonio cuando sea necesario. Como cabeza de familia, ahora eres responsable ante Dios tanto de ti mismo como de tu esposa».

Aunque había algo de verdad en las palabras del pastor, con el tiempo descubrí que había embellecido un poco el texto bíblico, ¡de hecho, bastante! Analicemos juntos el texto de Efesios y veamos exactamente qué dice, ¡y qué no!

¿«Mutuo» significa lo que creo que significa?

Efesios 5:21-33 es, sin duda, la porción de las Escrituras más citada —y mal citada— con respecto a cómo un hombre y una mujer deben relacionarse en el matrimonio. Sin embargo, a veces perdemos su significado completo porque no consideramos su contexto. Considerar el contexto es una de las reglas de interpretación más importantes de cualquier literatura, incluyendo la Biblia. En este caso, se relaciona con dónde comenzamos nuestra lectura, es decir, dónde comienza el párrafo o la unidad de pensamiento. Dado que los manuscritos griegos originales no siempre incluían estas divisiones textuales, existen diferencias de opinión sobre si el nuevo pensamiento comienza en el versículo 21 o en el 22. ¿Cómo se decide?

Afortunadamente, la gramática del versículo 22 ofrece una pista. En las colecciones más antiguas y fiables de manuscritos griegos del Nuevo Testamento (ediciones de Nestlé-Aland y de la Sociedades Bíblicas Unidas), este versículo no contiene verbo. A pesar de ello, muchas las traducciones modernas al español lo insertan. Pero al hacerlo, deben tomar prestada la idea verbal del participio «someterse» del versículo anterior. De hecho, hay que remontarse al mandato de Pablo al final del versículo 18: «¡Sean llenos del Espíritu!» para encontrar la declaración fundamental de la frase de los versículos 21 y 22.

Para quienes no somos expertos en gramática, esto simplemente significa que la idea de «someterse mutuamente» como creyentes —incluyendo la de las esposas a sus propios esposos— es solo una parte de lo que Pablo quiere decir con ser llenos del Espíritu de Dios. Por lo tanto, una traducción literal de Efesios 5:18b, 21-22 sería: «Sean llenos del Espíritu... sometiéndose unos a otros en el temor de Cristo; las esposas, a sus propios esposos como al Señor».

Dos puntos son claros: (1) la sumisión de una mujer a su propio marido en el matrimonio es solo una parte de la sumisión recíproca y mutua que Dios requiere de ambos cónyuges; y (2), la sumisión mutua de un marido y una mujer es una expresión de estar llenos del Espíritu de Dios.

El llamado de Pablo a los creyentes de Éfeso a someterse unos a otros es similar a las doce declaraciones de mutualismo en el matrimonio que hizo a los corintios (1 Corintios 7; analizadas en el capítulo 4), así como a muchas otras declaraciones de mutualismo en sus cartas. Consideren atentamente esta lista representativa:

Romanos	12:5	Esten unidos unos con otros en un solo cuerpo.
	12:10	Sean amables y hónrense unos a otros.
	12:16	Muestren humildad unos hacia otros.
	14:13	No se juzguen los unos a los otros.
	14:19	Fortalezcámonos unos a otros.
	15:5	Tengan una actitud semejante a la de Cristo hacia los demás.
	15:7	Dense la bienvenida unos a otros.
	15:14	Hagámonos responsables unos a otros.
	16:16	Salúdense afectuosamente.
1 Corintios	12:25	Cuídense unos a otros.
Gálatas	5:13	Servirnos unos a otros.
	6:2	Sobrelleven los unos las cargas de los otros.
Efesios	4:2	Tengan paciencia unos con otros.
	4:25	Sean sinceros los unos con los otros.
	4:32	Perdonémonos unos a otros.
	5:21	Sométanse unos a otros.
1 Tesalonicenses	3:12	Abunden en amor los unos por los otros.
	4:18	Consolémonos unos a otros.

¿Crees que es seguro afirmar que la mutualidad entre los creyentes de la comunidad cristiana es un tema central en los escritos de Pablo? ¡Claro que sí! En Efesios, la sumisión mutua, llena del Espíritu, es el principio general (Efesios 5:18, 21), que luego se aplica de maneras ligeramente diferentes a las esposas y los esposos en una relación matrimonial (Efesios 5:22-33).

Así que, sí, ¡«mutuo» significa lo que crees! En la iglesia, significa servir humildemente a los demás en lugar de buscar nuestro propio beneficio. En el matrimonio, conlleva la connotación de ceder mutuamente de una manera que beneficia a ambos y no perjudica a ninguno. ¡Es verdaderamente un modelo de beneficio mutuo, tanto para el matrimonio como para el ministerio!

¿«Sumisión» significa que el varón está al mando?

Los profesores de la facultad de teología donde enseño suelen entablar debates académicos mientras disfrutan de un café. Mi esposa piensa que somos un poco extraños en ese sentido, incapaces de hablar de la «vida real». Y, a menudo, tiene razón. Pero, en un caso, se lograron ambos objetivos.

Hace años, un profesor del seminario y ahora colega mío, conversaba conmigo sobre el significado del término griego traducido como «someterse» en Efesios 5:21 y 24. Además, nos preguntábamos cómo este mandato debería impactar nuestros matrimonios. Aún recuerdo su comentario. Dijo con mucha seguridad: «Cuando Dios llama específicamente a las esposas a someterse a sus esposos, esto implica que los esposos tienen autoridad sobre sus esposas».

Pero tras una reflexión más profunda, era claro que esa suposición contradecía el llamado de Pablo a la sumisión mutua en la misma frase. Animar a ambos cónyuges a practicar la sumisión mutua no puede interpretarse lógicamente como que, al final, uno debe estar a cargo del otro. Más bien, se asemeja más a lo que vimos en el capítulo 7, donde Pablo llamó explícitamente a esposas y esposos a cederse la autoridad mutuamente «de la misma manera» (1 Corintios 7:4). En estos textos, ceder la autoridad y someterse son, a todos los efectos prácticos, sinónimos. Ninguna acción confiere automáticamente autoridad al otro.

Por ejemplo, un par de colegas decidieron compartir las responsabilidades pastorales de una iglesia local cerca de nuestra facultad. En este tipo de estructura de liderazgo no hay un «pastor principal» (quien, por cierto, no tiene tanta autoridad como se podría pensar). Más bien, se ceden el uno al otro, colaborando para pastorear a su rebaño como verdaderos pastores «asociados».

De igual manera, en 1970, mi esposa Pat y yo iniciamos un negocio de fotografía de bodas para financiar mis estudios de posgrado. Como fue mi idea, podría haber exigido ser el «socio principal». En cambio, decidimos trabajar juntos como socios iguales, en un contexto donde cada uno se sometía voluntariamente al otro. ¡Y funcionó bastante bien durante las dos décadas que dirigimos el negocio!

Por su propia naturaleza, la sumisión mutua no impone a una persona el control sobre otra. Al contrario, llama a cada cónyuge a ceder sus propios derechos y a someterse voluntariamente el uno al otro como un servicio a Cristo. Es una manera en que tanto la esposa como el esposo demuestran que son seguidores de Jesús, quien una vez cedió su autoridad para servir y sacrificarse por la iglesia (Filipenses 2:5-8; Mateo 20:28). Por eso, la esposa está llamada a someterse «por reverencia a Cristo» (Efesios 5:21) y «como la iglesia se somete a Cristo» (Efesios 5:24), y los esclavos están llamados a someterse «como al Señor» (Efesios 6:7). Es un acto voluntario de entrega en amor, la manera en que la esposa cumple su parte del mandato de sumisión mutua al comienzo de este pasaje.

Pero, se preguntarán, ¿qué pasa con el esposo? ¿Cómo obedece al llamado a la sumisión mutua? ¿Y por qué Pablo lo llama la «cabeza»?

¿Acaso Pablo simplemente cambió el concepto del varón como «cabeza» por completo?

Las palabras de Pablo tanto a las esposas como a los esposos en los versículos 22 y 33 se basan en la idea del «liderazgo» masculino, que tiene sus raíces en el juicio de la primera pareja en Génesis 3. Recuerden, después de la caída, Dios dijo que Eva desearía dominar a Adán, pero al final él gobernaría sobre ella (Génesis 3:16).

El liderazgo masculino, también conocido como patriarcado, se ha encontrado en prácticamente todas las sociedades desde entonces. Pablo reconoce sin reservas esta realidad en su propia cultura grecorromana cuando dice: «El esposo es cabeza de su esposa» (5:23). Este es su punto de partida para aplicar el principio de sumisión mutua al marido, lo que revolucionará radicalmente ciertas suposiciones sobre el liderazgo masculino.

Aunque un llamado a las esposas a someterse a sus esposos pueda parecer un poco fuera de lugar en la cultura occidental moderna, en la época de Pablo no habría sorprendido a judíos ni a griegos. Por eso sus palabras a las esposas son tan escasas. En aquella época, las adolescentes solían ser entregadas en matrimonio a hombres que hasta les doblaban la edad. Se esperaba entonces que el esposo ocupara el lugar del padre de su nueva esposa y la ayudara a completar su crecimiento hasta la madurez. Que una niña-esposa se sometiera a un esposo adulto en esa cultura habría tenido sentido para los lectores originales de esta carta.

Sin embargo, las palabras de Pablo a los esposos, que constituyen la mayor parte de este pasaje, habrían sido mucho más controvertidas. Y, para sorpresa de muchos hoy, no son idénticas a los sermones que solemos escuchar en las bodas. No se menciona aquí que un esposo «asuma el liderazgo espiritual», «sea responsable» ni «tome las decisiones finales». Claro, este tipo de jerarquía era común en aquellos tiempos y todavía existe hoy en día en muchos matrimonios. Pero la Biblia nunca la avala, ni en esta carta ni en ningún otro lugar. Más bien, como suele decir mi colega Michelle Lee-Barnewall, Pablo le da la vuelta a la idea del varón como «cabeza» en este pasaje.

Pablo reconoce que el patriarcado, así como la autoridad de los amos de esclavos, existe, pero no los aprueba ni los fomenta. En otras palabras, no les dice a los esposos que «actúen como autoridad sobre». Más bien, da instrucciones específicas sobre cómo deben vivir dentro de esa estructura cultural. La pregunta crucial es: «¿Qué les pide el apóstol a los esposos y amos que hagan con sus posiciones privilegiadas?». Para Filemón, el amo de esclavos, era dejar de tratar a Onésimo como esclavo y empezar a tratarlo como un igual, de hecho, como un hermano en Cristo (Filemón 1:16). Para los esposos de la iglesia de Éfeso, era vivir el principio mayor de la sumisión mutua con sus esposas, amándolas con sacrificio como parte de lo que significa ser llenos del Espíritu (Efesios 5:18b, 21-22).

El pastor y autor Charles Swindoll solía decir en sus sermones del domingo por la mañana: «No se puede hacer que una analogía camine». En otras palabras, las analogías tienen un propósito específico y no deben aplicarse de forma demasiado amplia. Aquí se compara la relación del esposo con su esposa con la de Cristo con la iglesia, de la cual él es el Salvador. Nuestro Señor Jesús vivió una vida sin pecado para ser el sacrificio perfecto por los pecados de todos los que creerían. Sin embargo, esto obviamente no aplica a los esposos, ¡ni siquiera a los mejores de nosotros!

Entonces, ¿qué lección extrae Pablo de la analogía «Cristo-iglesia»? Su punto principal es claro y directo: Cristo amó a la iglesia de tal manera que estuvo dispuesto a sacrificar su vida por su bienestar (Efesios 5:25-27). Este punto se presenta aquí como un ejemplo para que los esposos amen a sus esposas con sacrificio, incluso como aman sus propios cuerpos (Efesios 5:28-30). Hombres, si olvidan todo lo demás que se dice aquí, recuerden esto. A la larga, revolucionará tu matrimonio.

En los códigos domésticos grecorromanos de la época de Pablo, las esposas solían ser consideradas iguales a los hijos y los esclavos. La idea de que el esposo (amo) de una casa, en este contexto, amara a su esposa hasta el punto de sacrificar por ella sonaba extremadamente radical. De hecho, la simple idea de cortar la «cabeza» para beneficiar al «cuerpo» (en sentido físico) habría sonado completamente absurda. Pero también lo sería el llamado de Jesús a sus discípulos a morir a sí mismos para alcanzar la vida verdadera en su reino (Mateo 16:25). De hecho, la idea del Hijo de Dios sirviendo humildemente a la humanidad hasta morir por sus pecados (Filipenses 2:5-8) derriba los paradigmas imperantes de poder y autoridad, tanto en el mundo antiguo como en el contemporáneo.

Efesios 1:20-23 aclara aún más lo que el esposo está llamado a hacer por su esposa. Después de que Dios resucitó a Cristo de entre los muertos, lo sentó a su diestra, por encima de todo principado, autoridad, potestades y dominio (vers. 20-21). Además, sometió «todas las cosas al dominio de Cristo y lo dio como cabeza de todo a la iglesia. Esta, que es su cuerpo, es la plenitud de aquel que lo llena todo por completo» (vers. 22-23). Clint Arnold, otro colega mío, me señaló en una ocasión que «cabeza» se usa de dos maneras en este pasaje: (a) «autoridad sobre» y (b) «fuente de beneficio para». Jesús ejerce autoridad sobre los poderes mundanos para ser fuente de provisión y beneficio para su cuerpo, la iglesia.

Pero la pregunta persiste: «¿De cuál de estas maneras debe el esposo ser cabeza de su esposa en Efesios 5:21-33?» Aunque Pablo reconoce que los esposos en ese entonces tenían autoridad sobre sus esposas, no refuerza ni fomenta tal práctica. Más bien, se centra estrictamente en el segundo significado de «cabeza». Es decir, llama a los esposos a actuar de manera beneficiosa hacia sus esposas.

Además, el esposo debe llegar al extremo de dar su propia vida en esta búsqueda. Como Jesús enseñó a sus discípulos y demostró con su muerte, no hay mayor manera de amar y servir a los demás que dar la vida por ellos (Juan 15:13). Así es como el esposo debe cumplir con su parte de sumisión mutua (Efesios 5:21).

Pablo concluye este poderoso pasaje con una cita bien conocida del relato de la creación: «Por eso el hombre deja a su padre y a su madre para unirse a su mujer» (Génesis 2:24; Efesios 5:31-32). Luego resume sus instrucciones: «Cada uno de ustedes ame también a su esposa como a sí mismo y que la esposa respete a su esposo» (Efesios 5:33). Observen el mismo equilibrio en la carta de Pablo a los Colosenses (3:18).

Una pregunta más: «¿Deberían entenderse estos mandatos como exclusivos de cada género o solo específicos de cada género?». En otras palabras, cuando el pastor de una iglesia hoy predica en Valentín para que los esposos amen a sus esposas, ¿significa esto que las esposas están exentas de amar a sus esposos? ¡Nunca he oído a nadie sugerir tal cosa! Sin embargo, cuando el mismo pastor exhorta a las esposas a someterse a sus esposos, con demasiada frecuencia se asume que esto exime a los esposos de hacer lo mismo. ¡El llamado a la sumisión mutua se ha ignorado durante demasiado tiempo!

En cambio, las esposas deben amar a sus esposos (Tito 2:1), así como Cristo amó a la iglesia. Si es necesario, una esposa debe estar dispuesta a dar su vida por su esposo, como él debe hacerlo por ella. Y así como las esposas deben someterse en amor a sus esposos, también los esposos deben someterse en amor a sus esposas (1 Corintios 7:1-6). Esta es la clase de sumisión mutua que Cristo desea para su iglesia en general, y es igualmente válida para los creyentes casados.

Durante siglos, las mujeres que viven en sociedades patriarcales han buscado equilibrar la balanza mediante una pseudosumisión que, en realidad, resultó ser una manipulación nada sutil. Como dice un proverbio moderno: «Él puede ser la cabeza, pero ella es el cuello que mueve la cabeza a su antojo». La manipulación, por pragmática que sea, no es el camino de Cristo y no tiene cabida en los matrimonios cristianos.

En cambio, Efesios 5:21-33 es una hermosa ilustración de cómo se aplica la sumisión mutua en el matrimonio. Los mandatos del apóstol son específicos para cada género a fin de abordar las necesidades específicas de cada cónyuge en una situación particular como la de la antigua Éfeso. Para las esposas, significaba que la libertad en Cristo (sobre la que Pablo había escrito anteriormente en Gálatas 3:28; 1 Corintios 7) no debía llevarlas a defender sus derechos o usurpar autoridad. Más bien, el servicio a los demás, incluyendo a sus esposos, sigue siendo el camino de la cruz. Para los esposos, significaba que ser «cabeza» ya no consistía en ejercer la autoridad como amo del hogar. Al igual que Filemón con Onésimo, los hombres debían renunciar a las tradiciones de poder y control para amar y servir a los demás, incluyendo a sus esposas, con sacrificio.

Reflexión y discusión

1. ¿Cómo definiría usted la «mutualidad» a la luz de las numerosas declaraciones que dicen «unos a otros» y que se analizaron en este capítulo?

2. ¿En cuántas relaciones has estado (no solo en el matrimonio) donde una persona asumió que estaba al mando? ¿Cuándo ceder la autoridad no ha resultado en que una persona esté al mando?

3. ¿Qué significa para usted en la práctica la «sumisión mutua» en el matrimonio? Si hoy escribieras a tu iglesia sobre esto, ¿lo expresarías de forma diferente a como lo hizo Pablo? De ser así, ¿cómo?

4. ¿Conoces a alguna pareja que practique la sumisión mutua? ¿En qué se diferencia su matrimonio de otros que no lo hacen? ¿En qué se parecen?

5. ¿La cultura occidental contemporánea facilita o dificulta la sumisión mutua entre esposos y esposas? ¿Cómo?

6. ¿Cómo se combinan 1 Corintios 7 y Efesios 5 para formar una visión más integral de la mutualidad entre esposos y esposas?

7. ¿Cómo se aplican ideas como la sumisión a la autoridad, la sumisión mutua y el amor sacrificial a nuestra vida fuera del matrimonio? Da algunos ejemplos específicos.

— 6 —

Compartiendo el don misericordioso de la vida de Dios
1 Pedro 3

Esposas, sométanse a sus esposos para que, si aún no son creyentes, sus vidas puras y reverentes los conquisten. Esposos, hagan lo mismo, en consideración y respeto hacia sus esposas como coherederas del don de la vida de Dios (1 Pedro 3:1-7).

En nuestro tercer y último capítulo de la sección sobre la sumisión mutua en el matrimonio, examinamos un extracto de una breve carta escrita por el apóstol Pedro, que circuló entre los judíos exiliados de varias provincias romanas en lo que hoy es Grecia, Turquía y otros lugares. La preocupación de Pedro es que estos creyentes vivan piadosamente, a pesar de la frecuente persecución bajo sus gobernantes paganos. En 1 Pedro 3:1-7, se dirige específicamente a las esposas y los esposos sobre su comportamiento personal en estas circunstancias.

¿Qué pasa si mi cónyuge aún no es creyente?

En el capítulo cuatro de este libro, abordamos brevemente la cuestión del matrimonio interreligioso. En sus dos cartas a los creyentes de Corinto, el apóstol Pablo instruyó específicamente a sus lectores que, si decidían casarse, debían hacerlo solo con otros creyentes (1 Corintios 7:39; 2 Corintios 6:14-18). Esto se basaba en la Ley de Moisés (compárese con Esdras 10:2; Nehemías 13:27) y en una lección que debería haberse aprendido del rey Salomón (1 Reyes 11:1-6).

Pero como ya saben, en la práctica no siempre funciona así. A veces, las personas se casan fuera de la fe sin darse cuenta de que está mal. Otras, lamentablemente, optan por hacerlo con pleno conocimiento de las enseñanzas bíblicas. Si tú te encuentras en una de estas dos categorías, ¡no te desesperes! Servimos a un Dios de gracia y perdón incluso cuando, como cristianos, no alcanzamos estas virtudes. En otros casos, las personas se casan antes de que alguno de los dos llegue a la fe en Cristo. Después, uno se convierte en creyente y el otro no.

Si ves un reflejo de tu propio matrimonio en cualquiera de estas situaciones, ¡anímate, porque estas palabras son para ti! E incluso si estás felizmente casado con otro cristiano profundamente devoto, aún hay mucho que aprender de este pasaje.

El consejo de Pedro a las esposas y los esposos se enmarca en el contexto más amplio de los cristianos que sufren bajo la opresión pagana romana. Estos creyentes judíos en Cristo están llamados a vivir vidas tan piadosas que incluso los incrédulos con autoridad sobre ellos puedan llegar a la fe (1 Pedro 2:11-12). Nuevamente, el término clave es «someterse», como en Efesios 5:21. Primero, se les dice que se sometan a las autoridades terrenales, como el emperador romano y sus gobernadores regionales (1 Pedro 2:13-14). Segundo, se les dice a los esclavos que se sometan a sus amos, e incluso se les da el ejemplo de Cristo, quien sufrió terribles injusticias por ellos (1 Pedro 2:18, 21). Tercero, se les dice a las esposas que se sometan «de la misma manera» para ganarse la confianza de un esposo incrédulo (1 Pedro 3:1). Y finalmente, a los maridos creyentes se les dice que actúen «de la misma manera» hacia sus esposas cristianas, viviendo con ellas de una manera amable y comprensiva como coherederos del don gratuito de la vida de Dios (1 Pedro 3:7).

Cuando leo este pasaje en mi clase universitaria, casi siempre recibo la misma reacción: «¿Debo someterme en todo? ¿No hay excepciones? ¿Qué pasa si mi esposo nos golpea a mis hijos y a mí? ¿Qué pasa si me obliga a hacer cosas inmorales o incluso a adorar a dioses paganos?». Afortunadamente, la respuesta se encuentra en dos ejemplos bíblicos: uno en la enseñanza de Jesús y el otro en el testimonio del propio Pedro.

El primero se encuentra en el Evangelio de Marcos (7:1-23), donde Jesús se encuentra enfrascado en una disputa con los líderes religiosos judíos de su época. Estos fariseos y escribas lo habían criticado a él y a sus discípulos por no seguir las tradiciones que habían añadido a la Ley Mosaica. Jesús respondió: «Han dejado de lado la Palabra de Dios en favor de las tradiciones de los hombres» (Marcos 7:7, 9). El patriarcado es el resultado de la caída humana, así como una «tradición de hombres» como las que Jesús enfrentó. No es un mandato de la creación ni exige la obediencia ciega de una esposa.

La segunda ilustración es similar. Proviene de una historia de Hechos 5:12-42. Pedro, quien había ascendido rápidamente a una posición de liderazgo importante en los inicios de la iglesia, predicaba en Jerusalén, cerca del templo judío. Debido a que declaraba que Jesús era el Mesías, algunos líderes religiosos judíos lo arrestaron y lo llevaron ante el Sanedrín, que era el tribunal supremo judío. La respuesta de Pedro fue simple y directa: «¡Es necesario obedecer a Dios antes que a meros mortales!» Al final, Pedro y sus compañeros se marcharon felices de haber sido considerados dignos de sufrir por Cristo.

El mismo principio que Jesús invocó en respuesta a las críticas de los líderes religiosos judíos de su época, y el mismo que Pedro utilizó posteriormente en su defensa ante otros del mismo grupo en Jerusalén, también puede aplicarse al llamado de Pedro a someterse a las autoridades terrenales en 1 Pedro 2-3. De hecho, a todos se nos insta a vivir en paz con los demás, incluyendo a nuestros cónyuges, en la medida en que dependa de nosotros (compárese con Romanos 12:18; 1 Corintios 7:15). Pero, si se vuelve irrazonable por motivos de conciencia, y hemos agotado todas las opciones posibles, entonces creo que tanto Jesús como Pedro dirían: «¡Es necesario obedecer a Dios antes que a meros mortales!» (Hechos 5:29).

El abuso doméstico es demasiado común en nuestras llamadas sociedades civilizadas, y las cifras todavía son inaceptablemente altas entre los cristianos conservadores. Además, apenas recientemente hemos comenzado a abordar el problema. Que conste que 1 Pedro 3:1-7 nunca debe usarse para justificar una práctica tan impía, especialmente cuando se hace en el nombre de los derechos de liderazgo masculino.

Con esta importante excepción claramente presente, consideremos las palabras de Pedro a las esposas casadas con esposos que aún no son creyentes. Les instruye a someterse a sus esposos viviendo vidas puras y reverentes (1 Pedro 3:2). Deben inspirar su belleza en el espíritu afable y sereno que Dios aprecia tanto, en lugar de depender del cabello, la ropa y las joyas (vers. 3-4). Su esperanza en Dios debe ser evidente en la forma en que respetan a sus esposos, como lo fue con Sara, la esposa de Abraham (vers. 5-6).

Este consejo es poderoso para todos, hombres y mujeres. Sí, estas palabras, al igual que las de Efesios 5, son específicas de cada género, pero no exclusivas de él. Por ejemplo, ¿qué nos hace verdaderamente atractivos a todos (no solo a las esposas de sus esposos)? ¿Cómo podemos presentar el evangelio de Jesucristo de forma atractiva en una cultura pagana o secular? La respuesta de Pedro es una vida pura y reverente, un espíritu apacible y manso, respeto por los demás y esperanza en Dios. Lo que me impacta profundamente al escribir estas palabras es cómo describen el modelo que Jesús nos dio.

¿Deberían los hombres someterse alguna vez a las mujeres?

Con demasiada frecuencia nos obsesionamos con la sumisión de las esposas. En la jerga contemporánea, «es obvio». La Biblia claramente les dice a las esposas que se sometan (Efesios 5:21; 1 Pedro 3:1). Sin embargo, lo que solemos pasar por alto es que también les dice a los esposos que «hagan lo mismo» (1 Pedro 3:7). Solo hay un versículo dirigido a los esposos en este pasaje, pero es conmovedor. ¡Sí, chicos, esta sección es para ustedes!

¿Recuerdan nuestra conversación en el capítulo 5 de este libro sobre el verbo que falta en Efesios 5:22? Si no, tómate un minuto para revisar la primera sección (¿Significa «mutuo» lo que creo?), porque tenemos una situación similar en 1 Pedro 3:7.

Literalmente, la oración dice: «De igual manera, ustedes esposos, sean comprensivos en su vida conyugal, cada uno trate a su esposa con respeto, ya que como mujer es más delicada y ambos son herederos del grato don de la vida. Así nada estorbará las oraciones de ustedes» (1 Pedro 3:7). El verbo que falta al principio del versículo plantea la pregunta: «Maridos, hacer qué «de igual manera»?

La mayoría de las traducciones de la Biblia responden a esta pregunta (con ligeras variaciones) expresando los verbos como mandatos. Es decir: «Maridos, de la misma manera, vivan con sus esposas, compréndanlas, hónrenlas». Aunque esta solución es común, deja al lector preguntándose por qué Pedro antepuso el mandato con «de igual manera».

Peter Davids, amigo y erudito del Nuevo Testamento, especializado en las cartas del apóstol Pedro, hizo recientemente una sugerencia mejor. Resultó ser algo en lo que yo mismo había estado reflexionando durante un tiempo, pero solo de forma muy general. Dado que el tema principal de este pasaje es «someterse» a las autoridades civiles, amos y esposos (1 Pedro 2:13-14, 18; 3:1), y dado que la frase «de igual manera» se había aplicado específicamente a la sumisión de las esposas (1 Pedro 3:1), parece muy probable que el escritor quisiera que entendiéramos la misma idea de «someterse» en relación con la frase «de igual manera» dirigida a los esposos (1 Pedro 3:7). La implicación era clara en Efesios 5:21-22 y tiene mucho más sentido aquí. La idea completa sería: «Maridos, de la misma manera, sométanse a sus esposas, viviendo con ellas, comprendiéndolas y honrándolas».

Algunas atletas probablemente piensen: «Todo eso me parece bien, pero ¿qué es eso de que las mujeres son más débiles?». Es una buena pregunta. De hecho, una joven amiga nuestra llamada Brittany Watrous completó recientemente un extenuante triatlón (también conocido como «Ironman»). Es una carrera de un día entero de natación (3,8 km), ciclismo (180 km) y carrera a pie (42 km) que deja a muchos participantes (hombres y mujeres) exhaustos al borde de la carretera. ¿Alguien quiere llamar a Brittany una mujer «débil»? Y, por cierto, ¡nunca le digas a una madre que ha soportado con éxito veintitrés horas de parto con su primer hijo que es más débil que su marido, que se desmayó en el camino!

Sin embargo, en la época de Pedro, a las mujeres no se les permitía participar en juegos atléticos, generalmente tenían un nivel educativo mucho menor que los hombres y no podían ejercer el mismo poder social. Incluso hoy, hombres y mujeres suelen competir en eventos separados en los Juegos Olímpicos y en otros lugares, aunque algunas mujeres están rompiendo estas y otras barreras.

El punto de Pedro no es que las mujeres sean de alguna manera más débiles internamente que los hombres (aunque generalmente los hombres tienen más fuerza en la parte superior del cuerpo). Más bien, les dice a los esposos, quienes suelen disfrutar de mayor poder y autoridad, que no usen esa ventaja sobre sus esposas. Más bien, los esposos deben someterse a sus esposas «de igual manera» que ellas deben someterse. Para los esposos, significa ser considerados y comprensivos; en otras palabras, honrar a sus esposas como herederas, en sociedad con ellas, del don de la vida de Dios. De hecho, en inglés la palabra para «compañero» (partner) proviene del francés anglonormando antiguo «parcener», que significa «coheredero», ¡el mismo concepto que se enfatiza aquí!

Mujeres y hombres como herederos juntos: ¿hay alguna trampa?

Consideremos otras dos imágenes bíblicas que se mencionan en 1 Pedro 3. En primer lugar, que las mujeres también son «herederas del grato don de la vida» de Dios con la humanidad.

Esta imagen proviene de lo que posiblemente sea el escrito más antiguo de la Biblia, el Libro de Job. En el epílogo de esta famosa historia de tragedia, sufrimiento y fe, Dios finalmente anima a su justo siervo Job, quien se mantuvo fiel a través de una prueba verdaderamente increíble:

> «El Señor bendijo más los años de la ancianidad de Job más que su juventud, dándole siete hijos y tres hijas. Los nombres de sus hijas fueron Jemima, Quesia y Keren Hapuc. ¡Eran las más hermosas en la región! Además, Job las convirtió en herederas al mismo nivel que sus hijos» (Job 42:12-15).

Normalmente, en el mundo patriarcal de Job, las hijas no recibían herencia, a menos que no hubiera hijos sobrevivientes. Este fue el caso de Majlá, Tirsá, Joglá, Milca y Noa, hijas de Zelofehad en Números 36:1-13. Pero en el extraordinario caso de Job, un padre intachable, recto y temeroso de Dios decidió dar a sus hijas una parte igualitaria con sus hermanos como coherederas del patrimonio familiar.

Y es igualmente sorprendente que solo se mencionen los nombres de las hijas de Job en el relato (no los de los hijos). ¡Qué amables palabras de aliento para ellas en su mundo patriarcal!

La segunda es una imagen de Gálatas 3:26-29, un pasaje que analizamos anteriormente en el capítulo 3. Como recordarán, Pablo acababa de declarar que todos los creyentes eran «hijos de Dios por la fe», independientemente de su etnia, estatus social o género. Luego concluye: «si ustedes pertenecen a Cristo, son la descendencia de Abraham y herederos según la promesa» que Dios le hizo (Gálatas 3:29). Los privilegios religiosos se heredaban a través de los hombres a lo largo del Antiguo Testamento. Pero, Pablo declara que en el cuerpo de Cristo las cosas han cambiado. El género ahora es irrelevante para heredar los privilegios y las promesas de Dios.

Sí, los hombres y las mujeres están destinados a ser coherederos del don de la vida que Dios nos ha dado; ¡no hay ninguna salvedad que añadir! De hecho, esta maravillosa verdad no se dirige solo a las parejas casadas, ya que Gálatas abarca a toda la comunidad del pueblo de Dios: a todos los hermanos y hermanas. Recuerden que Dios nos diseñó así desde el principio como «compañeros idóneos» (Génesis 2:18). Pedro simplemente aplica esta verdad general a los esposos y esposas.

Entonces, ¿cuáles son las implicaciones de las palabras de Pedro? Ceder el uno al otro en amor es el principio fundamental del matrimonio. No se trata de que una persona tenga autoridad sobre la otra. Se trata, más bien, de que ambos cónyuges renuncien voluntariamente a sus derechos para honrar al otro. Se trata de tener la misma actitud entre sí que tuvo nuestro Señor cuando renunció a sus privilegios divinos para convertirse en un humilde siervo humano a fin de sufrir y morir por nosotros (Filipenses 2:5-8). Como dice Pedro, la sumisión de Cristo en su sufrimiento fue un ejemplo a seguir para los creyentes (1 Pedro 2:21).

Reflexión y discusión

1. Esposa, ¿tu esposo aún no es creyente? Analiza atentamente tu vida. ¿Las ve como «atractiva» según la definición de Pedro, de una manera que lo acerque a una relación personal con su Salvador?

2. ¿Tienes una relación abusiva con tu pareja? ¿Has considerado todas las opciones disponibles para mejorar la relación? ¿Estás haciendo lo necesario para protegerte a ti misma y proteger a tus hijos?

3. ¿Conoces a alguna pareja que esté pasando por una crisis matrimonial? ¿Cómo podrías ser un instrumento de amor, gracia y perdón para ellos? ¿Estás dispuesto a mantenerte conectado con ellos durante esta larga y difícil lucha?

4. ¿Qué crees que significa que las mujeres sean «vasos más frágiles»? ¿Hay excepciones a la regla en algunos casos? ¿Son los hombres más débiles en ciertas áreas? ¿Qué responsabilidades especiales te vienen a la mente cuando piensas en ser un «vaso más fuerte»?

5. En tu experiencia, ¿qué advertencias no bíblicas se han añadido a veces al principio bíblico de que mujeres y hombres por igual son coherederos (como heredar la mayoría de los privilegios, pero no todos)? En contraste, ¿cómo sería una sociedad igualitaria como coherederos?

6. ¿Cómo el ejemplo de Jesús en Filipenses 2:5-8 y 1 Pedro 2:21 inspira a los creyentes, como tú y yo, a tener una vida piadosa? Explica con detalle lo que hizo Jesús y cómo podemos seguir sus pasos.

Aplicación para nuestra vida actual

Tanto los apóstoles Pablo como Pedro afirman lo que hemos descubierto en la historia redentora desde la creación hasta la cruz: una sociedad equitativa donde la sumisión mutua es el principio fundamental. Esta afirmación es especialmente contundente si consideramos el contexto cultural de su época. Tanto en los hogares judíos como en los grecorromanos, las mujeres eran generalmente entregadas en matrimonio tan pronto como podían tener hijos, y por lo general a hombres que les doblaban la edad (por ejemplo, un hombre de treinta años podía casarse con una adolescente). En este contexto, no sorprende que se esperara que la joven esposa se sometiera a su esposo, más maduro, como lo había hecho con su padre. Que los apóstoles exigieran mutualidad recíproca, incluso entre dos personas con una madurez relativamente igual, sería sorprendente en aquella época. Pero hacerlo sin reservas respecto a los diferentes niveles de madurez refleja una crítica radical del antiguo sistema patriarcal en términos de la teología de las relaciones interpersonales.

En el capítulo 4 descubrimos que el apóstol Pablo describió repetidamente el matrimonio como un compañerismo mutuo entre un hombre y una mujer, con énfasis en ceder los derechos y la autoridad al otro (1 Corintios 7). Pabló habló con tolerancia y gracia al hablar de la soltería, el matrimonio y el divorcio. Sin embargo, dejó claro que quienes deciden contraer un matrimonio tan íntimo y sagrado deben tomarlo en serio y compartirlo solo con otro creyente.

En el capítulo 5, analizamos el llamado de Pablo a las esposas y esposos a someterse mutuamente por reverencia a su Señor y como evidencia de estar llenos del Espíritu Santo (Efesios 5). El apóstol no agrega ninguna explicación adicional para las esposas que los que se esperaba de ellas en aquel entonces, pero sus palabras a los esposos fueron radicalmente contraculturales. Específicamente, el esposo debía expresar su lado de la sumisión mutua amando a su esposa, incluso hasta el punto de amar su propio cuerpo. La autoridad que el esposo solía disfrutar se había trastocado repentinamente.

En su lugar, se propuso como modelo para los maridos cristianos el camino de Cristo, es decir, el camino de ceder derechos y privilegios para servir humildemente a sus esposas.

En el capítulo 6, examinamos las palabras del apóstol Pedro, quien aconsejó a las esposas que se sometieran en amor —dentro de la razón y la conciencia— incluso cuando su esposo aún no fuera creyente (1 Pedro 3). Fueron llamadas a emular los ejemplos piadosos de mujeres como Sara para que su testimonio de Cristo se revelara desde dentro, mediante un espíritu puro y apacible. Aunque Pedro es breve en sus comentarios a los esposos cristianos, sus palabras, al igual que las de Pablo, son radicales y contundentes. Los esposos, de igual manera, deben someterse a sus esposas siendo considerados y respetuosos con ellas como coherederas del don de la vida de Dios. Como Pablo había declarado anteriormente (Gálatas 3:29), las mujeres debían ser consideradas compañeras plenas e iguales con los hombres, coherederas de todas las promesas de Dios.

Entonces, ¿cómo debería ser la imagen bíblica del matrimonio?

En primer lugar, observemos que no hemos encontrado ninguna mención del patriarcado en los relatos de la creación (Génesis 1-2) ni en las cartas de Pablo (1 Corintios 7, Efesios 5) o Pedro (1 Pedro 3). Es decir, la Biblia no avala un modelo de liderazgo masculino para el matrimonio. ¡Simplemente no existe! ¿Significa esto que un matrimonio no puede tener un líder? No necesariamente. De hecho, en la mayoría de las parejas, uno de los cónyuges suele mostrar más habilidades de liderazgo que el otro (aunque no siempre es el hombre). Los cónyuges deben ser sensibles a las diferentes maneras y áreas en las que cada uno puede tomar la iniciativa o liderar en diferentes ocasiones.

En segundo lugar, Pablo reconoce la manera cultural de entender el liderazgo en el matrimonio en su tiempo, pero nunca lo prescribe como algo que los cristianos deban perpetuar. Es decir, a los esposos nunca se les instruye a ser la cabeza de sus esposas ni a ejercer autoridad sobre ellas. Además, ninguno de los cónyuges está llamado a tomar la iniciativa ni a ser responsable del otro tomando las decisiones finales. Más bien, como dice el viejo refrán, «Cristo es la cabeza de cada hogar». Podríamos sanar muchos matrimonios rotos en la sociedad contemporánea si tomáramos esta verdad más en serio.

Siempre habrá conflictos, pero nuestro testimonio ante el mundo, así como nuestros matrimonios, serían mucho más fuertes si nos sometiéramos humildemente unos a otros, así como a nuestro Señor.

En tercer lugar, el modelo bíblico del matrimonio es una relación de compañerismo entre iguales, en la que cada cónyuge aporta su propia contribución. Esto es evidente en el diseño de la creación y se confirma en la audaz declaración de Pablo a las iglesias de Galacia sobre nuestra unidad en Cristo (Gálatas 3:28). Además, se refuerza en las cartas de Pablo a las iglesias de Corinto (1 Corintios 7) y Éfeso (Efesios 5), así como en la carta de Pedro a las iglesias dispersas por las provincias romanas (1 Pedro 3). Necesitamos desarrollar la actitud que Jesús tuvo cuando renunció a su autoridad y nos dio el modelo de servicio genuino, empoderándonos para seguir su ejemplo.

Finalmente, necesitamos amarnos hasta el punto de sacrificarnos por nuestro cónyuge. Debemos recordar que en la Biblia, el amor siempre es una palabra de acción. Se trata más de compromiso que de química. Esto no significa que no debamos celebrar el don divino del matrimonio y disfrutar sus placeres. De hecho, ¡lo apoyo totalmente! Pero debemos darnos cuenta que, al final del día, simplemente no nos "enamoramos", sino que elegimos amar como nuestro Señor eligió amarnos. El romance puede iniciar una relación matrimonial, pero el compromiso la sostiene a través de las inevitables crisis de la vida.

COMPAÑEROS
en el ministerio

Celebrando lo que nos hace únicos como mujeres y hombres
1 Corintios 11

Entré a la adolescencia en 1959, en una época en la que los estilos tradicionales estaban a punto de sufrir una profunda transformación en Estados Unidos. Mis padres habían bailado con Frank Sinatra y las grandes bandas hasta que llegó Elvis Presley y lo cambió todo. Para la década de 1960, leyendas de la música folk como Bob Dylan y Joan Baez nos condujeron a otra era de revolución social. Las costumbres y tradiciones, incluyendo las relacionadas con la etnia, el estatus social y el género, se verían cuestionadas de nuevas maneras. Como joven creyente y estudiante de las Escrituras, me preguntaba cómo íbamos a separar los principios bíblicos esenciales de sus aplicaciones culturales específicas. Afortunadamente, Pablo abordó preocupaciones similares en su primera carta a la iglesia de Corinto. Sus palabras fueron útiles entonces y lo siguen siendo hoy.

Anteriormente analizamos el tema de «Sométanse los unos a los otros en amor» de 1 Corintios 7 y descubrimos el fuerte énfasis del apóstol en la mutualidad en asuntos de soltería, matrimonio e incluso divorcio. Aquí Pablo dirige su atención a la práctica de la vestimenta y los peinados tradicionales cuando las mujeres y los hombres sirven juntos en las posiciones «de vanguardia» en la iglesia.

¿Realmente importa quién llegó primero?

Los XX Juegos Olímpicos de Invierno se celebraron en 2006 en los nevados pueblos alpinos de Turín, Italia. Como saben, este nivel de competición se centra en quién llega primero. A la mayoría no le preocupa que los diez mejores contendientes en esquí alpino llegaran con apenas segundos de diferencia. De hecho, muchos en Estados Unidos se indignaron cuando la estadounidense de snowboard, Lindsey Jacobellis, cometió un error y solo se llevó la medalla de plata. Los medios de comunicación fueron brutales. ¡Era como si solo pudieran decir que el vaso está un 0,01 % vacío en lugar de un 99,9 % lleno! Pero, al final, solo tres personas suben al podio (de los cientos que creían que lo harían) y solo una se lleva el «oro olímpico».

Como descubrimos en Génesis 2, Adán «llegó primero», antes que Eva, quizás solo unas horas después, si tomamos los días de la creación literalmente. Más importante aún, ella provino de su cuerpo, al igual que todos los seres humanos a partir de entonces provendrían de ella (ella sería su «madre»). Cada uno fue la «fuente» o «punto de origen» de la humanidad, a su manera única. En la creación, Dios actuó deliberadamente para mostrar equilibrio. Eva no permanece en segundo lugar, sino que se convierte en la primera para el resto de la humanidad. Este tipo de mutualidad fue importante en el diseño creativo de Dios y, como aprenderemos de 1 Corintios 11, también fue de gran importancia para el apóstol Pablo.

Pablo estructuró este pasaje de tal manera que los puntos clave se presentan en grupos paralelos, con el mayor énfasis en el centro. El siguiente diagrama servirá como referencia útil al analizar el pasaje.

A En cuanto a las tradiciones: Cristo es la cabeza del hombre, el hombre es la cabeza de la mujer y Dios es la cabeza de Cristo.
B Un hombre que ora o profetiza con la cabeza cubierta deshonra su cabeza, mientras que una mujer que lo hace con la cabeza descubierta deshonra su cabeza..
C El hombre es imagen y gloria de Dios, y la mujer, gloria del hombre. La mujer proviene del hombre y fue hecha para el hombre.
D Por lo cual *debe la mujer tener autoridad sobre su cabeza*, por causa de los ángeles.
C Sin embargo, en el Señor, las mujeres y los hombres no son independientes. Porque así como la mujer proviene del hombre, también el hombre proviene de la mujer, y todo proviene de Dios.
B Una mujer debe cubrirse la cabeza al orar. La naturaleza muestra que el cabello largo de un hombre es vergonzoso, pero el cabello largo de una mujer es su protección.
A Nosotros no tenemos otra práctica, ni tampoco la tienen las iglesias de Dios.

Pablo comienza sus comentarios elogiando a los corintios por mantener las enseñanzas que les transmitió durante una visita anterior (1 Corintios 11:1-2, 16). Luego, usa la imagen de la «cabeza» para plantear un nuevo punto. Como lo hizo en su carta a la iglesia de Éfeso, Pablo utiliza la metáfora de forma creativa, invirtiéndola por completo. En Efesios 5, parte de la presuposición cultural común de su época del varón como «cabeza» y luego revierte radicalmente la idea, enfatizando en su lugar la sumisión mutua en términos de un amor radical y abnegado, sí, específicamente de los esposos.

Pablo hace un juego de palabras similar aquí, aunque esta vez matiza el concepto de «cabeza» masculina para darle el significado de «fuente» o «punto de origen», como la «cabeza» de un río. Se encuentran ejemplos de esto en ambos relatos de la creación. En Génesis 1:1, la palabra que suele traducirse como «en el principio» es literalmente «en la cabeza». Luego, en Génesis 2:10-11, una fuente de agua que alimenta el Jardín del Edén se divide en cuatro «cabezas» (en realidad, «fuentes») que a su vez alimentan los ríos Pisón, Gihón, Tigris y Éufrates.

De igual manera, en la cultura patriarcal del Antiguo Testamento, a los padres de familia hebreos se les llamaba habitualmente «cabezas» porque se les consideraba la «fuente» de los numerosos clanes menores que surgían de ellos (por ejemplo, Éxodo 6:13, 25). La idea de que «cabeza» significa «fuente» o «punto de origen» se establece fácilmente en las Escrituras.

En 1 Corintios 11, Pablo emplea una imagen similar de «punto de origen» para enfatizar la unidad esencial entre hombres y mujeres, como la que descubrimos en el relato de Génesis 2. Pablo comienza explicando que «Cristo es cabeza de todo hombre» (1 Corintios 11:3), probablemente refiriéndose al papel de Cristo en la creación. Como lo expresó el apóstol Juan:

> «La Palabra [Cristo] estaba en el principio [en el Génesis, "en la cabeza"] con Dios, y era de hecho Dios. Mediante él [es decir, Cristo, la Palabra creadora de Dios] todas las cosas fueron hechas [incluido Adán] y sin él nada fue hecho» (Juan 1:1-3).

Cristo es la cabeza de todo ser humano como Creador, pues es la fuente o el punto de origen del primer hombre, Adán. El Evangelio según Lucas (3:38) expresa la misma idea en términos similares al mencionar a Adán como el «hijo de Dios» (es decir, Dios fue su fuente o punto de origen, en contraste con un padre o madre terrenales).

Pablo amplía su uso de imágenes de la creación en 1 Corintios 11:3 con su segunda comparación: «el hombre es cabeza de la mujer». Así como Adán provino de Cristo, el Creador de todas las cosas, Eva fue tomada de Adán (Génesis 2:18-25). Esto es probablemente lo que el escritor de Génesis 6:1-8 quiere decir cuando se refiere a los hombres en esta época temprana de la historia humana como «hijos de Dios» y a las mujeres como «hijas de los hombres» (es decir, la mujer fue tomada del hombre).

En su tercera comparación, Pablo retrocede para ver el panorama general al declarar: «Dios es cabeza de Cristo». Quizás les sorprenda que el orden de Pablo no fuera «mujer-hombre, hombre-Cristo, Cristo-Dios» (lo que implicaría una jerarquía con Dios Padre en la cima). Pero el apóstol no lo señala aquí; de hecho, no lo hace en ninguna parte. En cambio, su orden es: «hombre-Cristo, mujer-hombre, Cristo-Dios». Esto sigue la sólida cristología del Nuevo Testamento al asociar a Jesús con la creación del hombre y la mujer «en el principio» (Juan 1:1-3) y declarar sin contradicción que Jesús posteriormente «salió de Dios» en la encarnación (Juan 13:3).

En conjunto, las tres comparaciones en 1 Corintios 11:3 representan el tema recurrente de Pablo sobre la mutualidad. En otras palabras, tanto la mujer como el hombre provienen de Dios (Génesis 1:26-27), aunque el hombre fue creado primero y la mujer fue tomada de él (Génesis 2). La interpretación integral de Pablo del orden en que fueron creados y de la procreación se refuerza en las secciones centrales de este pasaje (1 Corintios 11:7-12). Sí, es cierto que la mujer fue creada en segundo lugar y para resolver la soledad del hombre (Génesis 2:18; 1 Corintios 11:7-9). Sin embargo, también es cierto que ni el hombre ni la mujer son independientes el uno del otro, pues así como la mujer proviene del hombre, el hombre nace de la mujer y todo proviene de Dios (Génesis 2:20; 1 Corintios 11-12). La interpretación de Pablo de los relatos de la creación del Génesis y el punto principal que expone son claros: los órdenes de la creación y la procreación hablan de mutualidad en la diversidad. Ambos «órdenes» deben estar uno junto al otro.

«Bien», me dirás, «¡Basta de teología! ¡Volvamos al consejo práctico que da Pablo!». Bueno, como en Efesios 5, el apóstol comienza aquí con una noción común del varón como «cabeza», pero termina en un punto muy diferente. Ciertamente, los hombres corintios habrían dicho «¡Amén!» al leer: «El hombre es cabeza de la mujer». De hecho, he escuchado respuestas similares de hombres contemporáneos (quizás algunos de ustedes que leen estas palabras digan «¡Amén!»). Pero imagina cómo se habría pinchado el inflado ego masculino de los lectores patriarcales de Pablo al recordarles que todos ellos provenían de una mujer y que tanto hombres como mujeres debían ser mutuamente interdependientes (1 Corintios 11:11). Este es el impacto general que el apóstol quería que tuvieran sus palabras. Su intención era contrarrestar el patriarcado unilateral de su época.

¿A quién le importa el cabello y la ropa?

Tras sentar las bases teológicas de la interdependencia de género, Paul aborda una preocupación más pragmática: el uso de velos. De niño, crecí en la Iglesia de los Hermanos. Era una rama de los Hermanos Menonitas que se había separado de la antigua orden Amish en la zona de Pensilvania y Ohio. En nuestra iglesia local, la mayoría de las mujeres aún usaban velo durante los cultos, algunas constantemente. Esta costumbre, que aún practican las mujeres menonitas y Amish conservadoras hoy en día, encuentra su fundamento bíblico en 1 Corintios 11. De hecho, la maestra de nuestro hijo en una escuela primaria cristiana de los Hermanos en el sur de California siempre se cubría la cabeza al dirigir la oración de su clase de segundo grado.

También era costumbre en la época de Pablo que las mujeres en «las iglesias de Dios» (1 Corintios 11:2, 16) se cubrieran la cabeza y que los hombres la mantuvieran descubierta. Además, el apóstol les instruye a seguir esta práctica tradicional al orar o profetizar en las reuniones de la iglesia de esa época (1 Corintios 11:4-7, 13-15). Su punto principal de respetar los marcadores de género culturales es claro. Sin embargo, las circunstancias precisas detrás de las palabras de Pablo no lo son. Hay al menos cuatro posibilidades en cuanto a qué eran estas «cubiertas para la cabeza»: (1) velos modestos, que entonces usaban comúnmente las mujeres; (2) algún tipo de chal de oración masculino que normalmente no usaban las mujeres; (3) cabello largo como «cubierta» para las mujeres mientras que los hombres usaban cabello más corto; o (4) un peinado inapropiadamente femenino para los hombres, literalmente cabello «colgando sobre la cabeza» (1 Corintios 11:4).

Independientemente de cómo entendamos la naturaleza precisa de la referencia de Pablo al cabello y/o al velo, la cuestión fundamental para Pablo es que hombres y mujeres deben presentarse de una manera que honre su singularidad de género, especialmente cuando están al frente en la iglesia. Además, deben hacerlo de una manera respetuosa con la cultura que los rodea. Por ejemplo, cuando mi esposa y yo llevábamos grupos universitarios a Israel y Palestina, teníamos que ayudar a nuestros estudiantes estadounidenses a adaptarse a la cultura de Oriente Medio. Una práctica común era cubrirse la cabeza, especialmente para los hombres. Cuando visitábamos lugares religiosos judíos, los hombres debían ponerse una kipá, mientras que en los lugares cristianos se lo quitaban. Para las mujeres, las reglas eran diferentes.

Entonces, ¿deberían el cabello y la ropa ser tan importantes para los cristianos de hoy? Pues sí y no. Por un lado, lo que realmente importa es el corazón; es decir, si una mujer o un hombre ministran verdaderamente al pueblo de Dios con una devoción sincera y sincera a Cristo. Las viejas tradiciones y costumbres culturales siempre deben quedar relegadas a un segundo plano frente a estos asuntos más importantes. No deben usarse para juzgar la espiritualidad de otra persona ni para excluirla de la comunión con otros creyentes.

Por otro lado, nuestra forma de vestirnos o peinarnos a veces puede interferir con nuestra capacidad para ministrar o con la capacidad de los demás para escucharnos, especialmente en público. De nuevo, por favor, comprendan que no me refiero solo a ministros «profesionales». Por ejemplo, estaría perfectamente bien usar traje de baño en una fiesta en la piscina con tu grupo de jóvenes; pero probablemente serías más efectivo si te pusieras algo encima mientras dabas una charla devocional esa misma noche. O, podría estar bien usar pantalones cortos para ir a la iglesia en el sur de California, ¡pero no en Oriente Medio! Cuestiones de decencia general o incluso simples preferencias culturales nunca deben distraer la atención del mensaje que se predica.

Pero quizás pienses: «En mi entorno cultural, las cosas son muy diferentes a las de Corinto en el siglo I». Pues sí y no. Por ejemplo, la homosexualidad era muy común en la época grecorromana, y está volviéndose a popularizar en el mundo occidental actual. De igual manera, tanto en la antigüedad como en la actualidad, las personas se vestían o peinaban de una manera que indicaba su orientación sexual. Ante esto, Pablo condena claramente la práctica de la homosexualidad (léase sus duras palabras en 1 Corintios 6:9 y 1 Timoteo 1:10). Esta es solo una razón para tomar en serio el principio bíblico de las diferencias de género beneficiosas (nuestra singularidad como hombres y mujeres) y aplicarlo con sensibilidad en el contexto de nuestras propias tradiciones y costumbres.

Pero celebrar la singularidad de género no significa que los niños usen «camisetas azules» y las niñas «vestidos rosas». De hecho, esto obstaculizaría la mayoría de las oportunidades ministeriales actuales. Tampoco significa que todas las mujeres deban actuar de la misma manera para seguir la definición de «feminidad» de alguien (lo mismo aplica para los hombres y la «masculinidad»). Estudios recientes han demostrado que existe una diversidad considerable entre los hombres, en algunos casos incluso mayor que entre hombres y mujeres (y lo mismo aplica para las mujeres). El punto es mantener marcadores de género apropiados y dejar de lado las cosas que nos distraen o se convierten en distracciones para las personas que amamos y servimos.

Entonces, ¿pueden las mujeres predicar en la iglesia?

Aquí llegamos al versículo central de este pasaje: 1 Corintios 11:10. Literalmente, se encuentra en el «centro» de la estructura central del argumento del apóstol (revisa el gráfico de la pág. 85). Este tipo de estructura era común entre los rabinos judíos de la época de Pablo, quienes estaban inmersos en la literatura hebrea del Antiguo Testamento. De hecho, libros enteros están organizados de esta manera (por ejemplo, los libros de Miqueas, Daniel y Ester). Aquí, la frase clave es: «Por esta razón, la mujer debe tener autoridad sobre su propia cabeza, por causa de los ángeles» (traducción literal). Analicemos esta enigmática pero contundente declaración, parte por parte.

Primero, ¿cuál es exactamente el mandato de Pablo a las mujeres que oraban y profetizaban en las congregaciones de Corinto? Literalmente, el texto dice: «La mujer debe tener autoridad sobre su propia cabeza», no una «señal» o «símbolo» de autoridad, como añaden algunas versiones bíblicas. ¿Qué significa esto? Todas las demás referencias en el Nuevo Testamento donde aparece la frase «autoridad sobre» se refieren a la autoridad que el sujeto de la oración posee sobre el objeto. Por ejemplo, los discípulos de Jesús tenían «autoridad sobre» demonios, enfermedades y ciudades (Lucas 9:1, 17); en el fin de los tiempos, los santos recibirán «autoridad sobre» las naciones (Apocalipsis 2:26); y Dios mismo ejercerá «autoridad sobre» las plagas (Apocalipsis 16:9).

En la iglesia de Corinto, Pablo se dirige específicamente a las mujeres que oraban (dirigiendo el culto público) o profetizaban (predicando el evangelio) frente a la congregación. Estas líderes debían ejercer autoridad sobre sus propias cabezas. Esto podría significar una de tres cosas. Primero, algo tan simple como dejar que las mujeres decidieran cómo cubrirse la cabeza, es decir, qué peinado o prenda externa preferían. O, segundo, quizás Pablo les recuerda a las mujeres que ejerzan esa autoridad y mantengan la cabeza cubierta. O, tercero, dado que Pablo reconoce específicamente que el esposo es la cabeza de la esposa al comienzo de esta conversación (1 Corintios 11:3), su consejo a las profetisas podría extenderse a su tema recurrente de mutualidad. En este sentido, el apóstol le estaría recordando al líder masculino privilegiado de la casa romana que cuando su esposa habla como profeta, habla con autoridad sobre su cabeza, es decir, su esposo.

Ya sea que Pablo respaldara el derecho de una mujer profetisa a elegir cómo cubrirse la cabeza, la llamara a cubrirse la cabeza o validara su autoridad como portavoz de Dios (como Débora a Barac en Jueces 4-5, o Hulda a Josías en 2 Reyes 22 y 2 Crónicas 34), es evidente que las mujeres servían como líderes de adoración y profetisas en la iglesia del Nuevo Testamento. Además, lo hacían con la bendición del apóstol e incluso con un sentido de autoridad divinamente otorgado.

En segundo lugar, ¿cuál es la razón del mandato de Pablo? Recuerda que, en una estructura concéntrica, se debe considerar ambos lados de la sección principal. En este caso, 1 Corintios 11:7-9 y 11-12 completan la idea general. Como vimos anteriormente, estos versículos hablan de la interdependencia mutua entre hombres y mujeres, como se ilustra en los órdenes de creación y procreación. Por lo tanto, el apóstol razona: (a) porque el hombre fue primero en la creación y (b) porque la mujer es primero en la procreación, (c) una mujer líder de adoración o profeta debe tener autoridad sobre su cabeza. En otras palabras, su consejo a las mujeres está directamente relacionado con la idea de reequilibrar el patriarcado hacia la mutualidad. Aunque los hombres generalmente gobernaban el hogar en aquella época, hombres y mujeres podían compartir por igual el liderazgo en la iglesia.

La otra razón que se da aquí es «por causa de los ángeles». Aunque existen casi tantas interpretaciones de esta breve cláusula como intérpretes, no podemos ignorar las palabras del apóstol. En mi opinión, lo más razonable es conectar «los ángeles» con el hecho de que muchas de estas mujeres profetizaban. En la Biblia, así como en gran parte de la literatura judía extrabíblica de la época, los ángeles eran quienes mediaban en la profecía. En otras palabras, comunicaban la Palabra de Dios a los profetas, quienes a su vez la comunicaban al pueblo de Dios. Encontramos esto en varios de los libros del Antiguo Testamento (por ejemplo, Daniel 8-12 y Zacarías 1-6). Por lo tanto, dado que las mujeres profetas recibieron el poder de los ángeles, debían tener autoridad sobre sus propias cabezas.

Así que, para responder a la pregunta: «¿Pueden las mujeres predicar en la iglesia?», Pablo respondería enfáticamente: «¡Sí! Y deben hacerlo con autoridad sobre sus propias cabezas». Sorprende a muchos lectores modernos que la idea de que una mujer predique en la iglesia le parezca perfectamente aceptable a Pablo. Pero este no es el punto principal del apóstol en este pasaje. Más bien, le preocupa que tanto hombres como mujeres ejerzan sus dones de liderazgo — con la autoridad apropiada—, presentándose de una manera que celebre la singularidad de sus respectivos géneros. Los indicadores culturales para esto varían mucho según la época y el lugar, pero el principio perdura. Aunque nuestra apariencia no debe estar determinada por la cultura que nos rodea, debemos ser sensibles a cómo nos vemos en ese contexto, especialmente respecto a aquellos a quienes ministramos.

Reflexión y discusión

1. Si creciste en una familia cristiana, ¿qué «roles de género» tradicionales o culturales se asociaban con los cristianos? ¿Estos roles están claramente vinculados a principios bíblicos?

2. ¿Qué contribuciones únicas hacen las mujeres al equipo de liderazgo de tu iglesia? Si actualmente no son bienvenidas en ese grupo, imagine cómo sería si eso cambiara.

3. ¿Alguna vez has escuchado la predicación de una mujer, ya sea pastora o oradora invitada? ¿Cómo te sentiste? ¿Por qué? ¿Qué contribuciones únicas hacen las diferentes mujeres (por ejemplo, en contenido, estilo de presentación y sensibilidad hacia su público)?

4. ¿Cómo podrías usar tu peinado y estilo de vestir para enriquecer tu ministerio con los demás? ¿Qué ejemplos te vienen a la mente de casos en los que estos problemas obstaculizaron el ministerio de alguien?

5. ¿Se está volviendo más común la práctica de la homosexualidad en tus círculos sociales? ¿Cómo pueden las iglesias ser más acogedoras con las personas con esta orientación que buscan sinceramente a Cristo, sin reafirmar su estilo de vida?

6. ¿Cómo puede el liderazgo de la iglesia equilibrar mejor la idea de tener cierta autoridad sobre la congregación con el principio de servicio modelado por Jesús (compara Mateo 23:8-11 con 1 Pedro 5:1-4)?

7. Aunque Pablo no se inmuta ante las profetisas que se dirigen a la congregación o dirigen la oración pública, nosotros sí lo hacemos a menudo. ¿Qué medidas prácticas podría tomar tu iglesia para facilitar la transición de las mujeres a ministerios de primera línea?

— 8 —

Liderando juntos con humildad, respeto y esperanza
1 Timoteo 2

Hombres, ¡dejen de discutir y oren! Mujeres, ¡vístanse con modestia y aprendan con sereno respeto en lugar de enseñarles a los hombres de una manera autoritaria! Y recuerden, mujeres, estarán seguras durante la maternidad si sus vidas demuestran fe, amor y santidad (1 Timoteo 2:8-15).

Con la misma frecuencia con la que se cita Efesios 5 para apoyar el patriarcado en el hogar, las palabras de Pablo en 1 Timoteo 2 se han usado para impedir que las mujeres participen en igualdad de condiciones con sus hermanos en Cristo en los equipos de liderazgo de las iglesias actuales. Y, con tristeza, debo admitir que yo solía estar entre quienes perpetraban esta injusticia. Sin embargo, al estudiar este pasaje con más detenimiento a lo largo de los años en su contexto original, me ha sorprendido lo que he encontrado, así como lo que no.

Las dos cartas de Pablo a Timoteo, su «hijo en la fe», Timoteo, se escribieron en un contexto grecorromano, cuando el gran apóstol se encontraba en una prisión romana, cerca del final de su vida (61-63 d. C.). En ese momento, el joven Timoteo servía entre los líderes (literalmente, «supervisores») de una iglesia que Pablo había ayudado a fundar en la ciudad de Éfeso. Su primera carta fue escrita debido a la preocupación del apóstol por el bienestar espiritual de esta congregación en una cultura pagana decadente. Más específicamente, algunos en la congregación enseñaban herejías extraídas de mitos paganos (1 Timoteo 1:3-4), y el espectáculo más popular del pueblo era el culto a la diosa lunar, Artemisa.

¿En qué se habían metido estas mujeres?

Probablemente lo último que tú esperabas encontrar en un libro como este es una sección sobre mitología griega. Francamente, ¡me sorprende un poco escribir una! Sin embargo, una breve introducción a esta religión, en aquel tiempo dominante en Éfeso, es esencial para comprender las palabras del apóstol en su carta a los creyentes de esta congregación.

Quizás hayas tenido la suerte de visitar la extraordinaria estatua de mármol de Venis en el museo del Louvre, en París. En cualquier caso, creo que casi todo el mundo ha oído hablar de Venus, la diosa romana del amor y la belleza (también conocida en griego como Afrodita). Pero muchos menos han oído hablar de la diosa griega Artemisa (conocida como Diana por los romanos); sin embargo, si alguien hubiera vivido en Éfeso en el siglo I, su nombre habría sido muy conocido. Además, parece que muchas de las mujeres de la iglesia de Éfeso en la época de Pablo y Timoteo habían sido influenciadas por este culto pagano, o quizás incluso estaban profundamente involucradas en él. De hecho, dada la contundencia de la evidencia, es difícil imaginar otra cosa.

El historiador antiguo Antípatro de Sidón (siglo II a. C.) consideró el sólido templo de mármol de Artemisa en Éfeso como la mayor de las «Siete Maravillas del Mundo Antiguo» (relegando a la famosa Pirámide de Keops, los Jardines Colgantes de Nabucodonosor y el

Coloso de Rodas a un segundo plano). Esta impresionante estructura se construyó inicialmente en el siglo VI a. C. y posteriormente se restauró tras la muerte de Alejandro Magno. Cubría cerca de 9.000 metros cuadrados, cuatro veces el tamaño del Partenón de Atenas. Además, ostentaba exquisitos capiteles jónicos que se elevaban unos veinte metros pies hacia el cielo sobre 127 columnas, muchas de las cuales estaban grabadas con escenas detalladas de la mitología griega.

Como la diosa más querida de la antigua Grecia, Artemisa era retratada como una virgen que descuidaba la modestia en su vestimenta y comportamiento mientras vagaba por los bosques con sus ninfas para proteger a animales y niños de las artimañas de los hombres. Estos hombres, a quienes generalmente rechazaba, nunca pudieron domarla. De hecho, armada con su arco y carcaj de flechas, estaba dispuesta a matar a cualquiera que codiciara su belleza. Tanto sacerdotes eunucos como sacerdotisas castas servían en su templo como parte de un poderoso culto matriarcal. Además, el pueblo de su época solía honrar a Artemisa en orgías sexuales como una virgen ligera de ropa que promovía la promiscuidad.

Otros artistas de la época representaban a Artemisa como una diosa semihumana de la fertilidad, con múltiples pechos. Además de ser una intrépida virgen cazadora, proporcionaba fertilidad a las mujeres y ayudaba a dar a luz sanas y salvas a aquellas que confiaban en ella. Era conocida como la «Madre de todas las criaturas», una distorsión pagana de Eva, la «Madre de todos los vivientes» (Génesis 3:20). Sin embargo, a diferencia de Eva, no había sido creada a partir de un hombre.

Bien, probablemente te estarás preguntando: «¿Qué tiene todo esto que ver con 1 Timoteo 2?». Quédate conmigo un poco más mientras vemos el relato del encuentro de Pablo con el culto de Artemisa.

En Hechos 19:23-20:1, Pablo visita Éfeso en su tercer viaje misionero (54-58 d. C.) cuando conoce a Demetrio, quien construía santuarios personales para los adoradores de Artemisa. Este empresario griego tenía mucho miedo de perder su sustento a causa del ministerio de Pablo. En una ocasión, incluso llegó al extremo de incitar un motín contra el apóstol y sus colaboradores. Afirmó que dicha predicación desacreditaría el Templo de Artemisa y despojaría de su divina majestad a la diosa, venerada en todo el mundo conocido entonces. El caos se extendió rápidamente por la ciudad, con multitudes enfurecidas que coreaban: «¡Grande es Artemisa de los efesios!». Al final, los primeros misioneros apenas lograron escapar con vida.

Unos años más tarde, con este vívido recuerdo en mente, Pablo escribió su primera carta a Timoteo acerca de la iglesia en Éfeso y su participación en mitos paganos como el de Artemisa (1 Timoteo 1:4).

¿Qué tiene que decir Pablo sobre esto y por qué?

Siempre es buena idea dejar que el contexto general y las declaraciones más claras nos ayuden a entender los textos difíciles. La preocupación de Pablo aquí no es tanto establecer principios generales para todo tiempo y lugar, sino abordar problemas específicos que existían en la iglesia en ese momento. De nuevo, un cuadro de los comentarios de Pablo puede ayudarnos a ver el panorama general

Vv.	Principios positivos	Vv.	Prohibiciones negativas
	Hombres		Hombres
8a	«Oren, levantando las manos al cielo con santidad»	8b	«sin enojos ni contiendas»
	Mujeres		Mujeres
9a, 10	«vistan decorosamente, con modestia y recato»	9b	«sin peinados ostentosos, ni oro, ni perlas, ni vestidos costosos»
11, 15	aprender con serenidad, con toda sumisión.	12, 14	No permito que la mujer enseñe al hombre y ejerza autoridad sobre él

A diferencia de lo que vimos en Efesios 5, Pablo se dirige a los hombres de la iglesia primero en esta carta, y de manera muy breve. Les pide que dejen de discutir con ira y, en cambio, eleven manos santas a Dios en oración (1 Timoteo 2:8). Esto concuerda con su principio general de vivir vidas pacíficas, tranquilas, piadosas y santas (2:2). Pero también refleja su preocupación por las falsas enseñanzas que se difundían en Éfeso (1:3-4). Al parecer, estos hombres estaban más interesados en discutir sobre temas problemáticos que en orar. En respuesta, Pablo les instruye a dejar atrás su orgullo, humillarse y buscar la respuesta de Dios en lugar de jactarse de sus propias ideas.

Cuando estudiaba mi título de posgrado, mi esposa Pat visitó una de mis clases, que en aquel entonces era solo para hombres. Lo primero que dijo al subir al coche para volver a casa fue: «¿Por qué siempre discuten tanto? Parecen irrespetuosos, incluso con su profesor». Nunca he olvidado la lección que aprendí de ella ese día. Y, hombres, aunque estén ansiosos por leer la parte jugosa de los versículos que siguen, tómense un momento para reflexionar sobre la impresión que causan al hablar de teología, especialmente en un grupo de hombres.

Ahora, veamos lo que Pablo dice a las mujeres. De nuevo, aunque se dirige específicamente a ellas, su consejo no es exclusivo de un género. Más bien, también puede aplicarse a los hombres.

Primero, las mujeres debían vestir modestamente, con decencia y respeto, en lugar de ostentar peinados elaborados o ropa y joyas caras. Debían revestirse con el tipo de comportamiento que caracteriza a las mujeres piadosas (1 Timoteo 2:9-10). Las palabras de Pablo recuerdan las reflexiones del antiguo sabio hebreo sobre la mujer sabia en Proverbios 31:30: «Engañoso es el encanto y pasajera la belleza; la mujer que teme al Señor es digna de alabanza». Además, son similares a las instrucciones de Pedro a las esposas con esposos incrédulos en 1 Pedro 3:3-4, así como a sus instrucciones a los ancianos para que se revistieran de humildad (1 Pedro 5:5). Y reflejan el consejo que

Pablo dio a los creyentes en general en la iglesia de Colosas cuando los llamó a revestirse de compasión, bondad, humildad, mansedumbre y paciencia (Colosenses 3:12). El principio de vestir con respeto y modestia, en contraste con hacer alarde de riqueza y apariencia, es tan relevante para los hombres como para las mujeres, tanto en aquel entonces como ahora.

Pablo también instruye a estas mujeres a aprender con sereno respeto (1 Timoteo 2:11) en lugar de enseñar de forma dominante sobre los hombres (vers. 12). El hecho de que el apóstol instruya a las mujeres a «aprender» en este pasaje se pasa por alto con demasiada frecuencia. Al igual que en Gálatas 3, aquí invita a las mujeres a «sentarse a la mesa con los hombres» para que algún día pudieran convertirse en discípulas como María de Betania (Lucas 10:38-42), maestras como Priscila (Hechos 18:24-26), o incluso apóstoles como Junia (Romanos 16:7). Además, aprender con respeto se habría aplicado a todos los estudiantes en los días de Pablo, independientemente de su género. Pero ni aprender en sí mismo ni aprender con respeto es el tema en cuestión aquí. Más bien, es aprender con respeto en contraste con enseñar de una manera autoritaria hacia los hombres.

La enseñanza en los días de Jesús y Pablo ciertamente conllevaba cierto grado de autoridad. Nuestro Señor reconoció esto cuando les dijo a sus discípulos que evitaran el comportamiento orgulloso de los líderes religiosos judíos, quienes amaban títulos exaltados como «rabí», «maestro» y «padre» (Mateo 23:8-12). De igual manera, a los gobernantes gentiles les encantaba «dominar» o «enseñorearse» de sus súbditos (Mateo 20:25). En marcado contraste, los seguidores de Jesús debían evitar estas tentaciones orgullosas y, en cambio, humillarse para servir (Mateo 23:26-28).

Pablo parece tener en mente este sentido de enseñanza orgullosa en 1 Timoteo 2:12 cuando prohíbe a las mujeres de Éfeso enseñar de manera autoritaria. La segunda prohibición en el versículo 12 refuerza esta idea. Se traduce mejor como "lo trate de dominar" (PDT) o "imponga su autoridad" (BLP). Las traducciones suavizadas como "ejerza autoridad" (NVI) o "ejercer dominio" (RVR 1960) pierden la fuerza y el tono del término original, que en la época de Pablo era fuertemente negativo. Por lo tanto, la idea general es que Pablo no quiere que estas mujeres enseñen de una manera que domine o usurpe el liderazgo existente, que en ese momento estaba compuesto principalmente por hombres.

Pero, quizás te preguntes, ¿por qué Pablo dirige estas instrucciones específicamente a las mujeres? ¿No sería igual de malo que los hombres hicieran esto? La respuesta corta es: «Sí, lo sería». Pero una respuesta más completa se puede encontrar en los ejemplos que cita y la promesa de esperanza que sigue, todos tomados de Génesis 2-3. Pablo primero les recuerda a estas mujeres que su antepasada Eva provino de un hombre y fue engañada por la serpiente (2:13-14). Luego, les asegura que estarán a salvo mediante la maternidad si son sinceras en su fe, aman al prójimo y viven vidas santas (vers. 15). Su intención era humillar su orgullo, pero al mismo tiempo, fortalecer su esperanza.

Entonces, ¿por qué involucrar a Eva en esto? Para empezar, la palabra «Porque» al principio del versículo 13 transmite la idea de «por ejemplo». Eva se usa como ilustración para que estas mujeres reconozcan con humildad su error. Pero, podríamos preguntarnos, ¿no hay otros ejemplos en la Biblia de mujeres orgullosas que fueron engañadas que podrían haber sido utilizadas en su lugar (por ejemplo, Dalila o Jezabel)? Es importante considerar la influencia del culto a Artemisa en las mujeres de Éfeso. La preocupación de Pablo por las falsas enseñanzas relacionadas con mitos paganos (1 Timoteo 1:4) sin duda habría incluido recuerdos del culto con el que se había topado tan dramáticamente no muchos años antes (Hechos 19).

De igual manera, las prohibiciones de Pablo contra la enseñanza autoritaria de las mujeres cobran mayor sentido en el contexto del culto a Artemisa, donde la diosa pagana incitaba a las mujeres a dominar a los hombres. Además, los ejemplos de Pablo sobre la creación y el engaño de Eva humillarían las orgullosas afirmaciones de las mujeres de que Artemisa no provenía de un hombre ni los necesitaba. Finalmente, la promesa de esperanza del apóstol respecto a la seguridad en el parto brinda a las mujeres piadosas la seguridad de que las consecuencias del pecado que Eva sufriría («sufrimiento en el parto y darás a luz a tus hijos con dolor», Génesis 3:16) no son resueltas por Artemisa, sino por Cristo.

Entonces, ¿pueden las mujeres compartir el liderazgo de la iglesia?

El panorama general que Pablo presenta a lo largo de este pasaje es el de los contrastes entre los principios positivos y las prohibiciones negativas (revisa la tabla anterior). Los hombres deben orar en lugar de discutir. Las mujeres deben centrarse en un carácter piadoso en lugar de ostentar riqueza, estatus y apariencia. Asimismo, deben aprender con respeto en lugar de enseñar de forma autoritaria. En los tres contrastes, Pablo llama a sus lectores a orar, aprender y servir con humildad en lugar de promover con orgullo o arrogancia sus propios intereses. Y, en cada caso, los principios positivos, así como las prohibiciones negativas, podrían y deberían aplicarse hoy tanto a hombres como a mujeres.

Cada vez que leo este pasaje, recuerdo nuestras numerosas vacaciones familiares en la zona Amish del condado de Lancaster, Pensilvania, no muy lejos de la comunidad rural donde crecí. De hecho, cuando Pat y yo la visitamos hace un par de veranos, encontré un librito titulado «A Quiet and Peaceable Life» [Una vida tranquila y apacible]. El título es una cita de 1 Timoteo 2:2. La «gente sencilla» (como les gusta llamarse) usa este pasaje incluso hoy para preservar un estilo de vida estrictamente conservador en cuanto a vestimenta, peinado y comportamiento, que se remonta a la Europa del siglo XVIII. La mayoría de sus prácticas no están prescritas en las Escrituras, sino que son herencia de su cultura. Lo mismo ocurre con la noción de que «solo hombres» pueden ser líderes en las iglesias actuales. Si bien la iglesia primitiva tenía mayoritariamente hombres en su liderazgo (por ejemplo, observa el lenguaje masculino en 1 Timoteo 3:1-7 respecto a ancianos y diáconos), había mujeres líderes, como Priscila y Junia. En otras palabras, no era excluyente como muchas iglesias hoy. Más importante aún, como cristianos no estamos llamados a preservar las normas culturales de los primeros siglos. Más bien, debemos tomar los principios que se enseñan claramente en las Escrituras y aplicarlos con sabiduría en nuestras culturas en constante cambio.

Así que, una vez más, la respuesta a la pregunta es un rotundo «¡Sí!». Las mujeres piadosas y dotadas pueden y deben compartir las responsabilidades de liderazgo con los hombres en la iglesia o en el hogar. La aplicación específica que Pablo hace de un principio bíblico a las mujeres de Éfeso no debe malinterpretarse ni aplicarse erróneamente como una regla general restrictiva para las mujeres en todo tiempo y lugar. Después de todo, ¿por qué deberíamos hacer esto solo con uno de los tres contrastes que establece? No exigimos a los hombres que levanten las manos en oración ni prohibimos a las mujeres usar ropa elegante, joyas o trenzas. Pero debemos llamar a hombres y mujeres a la oración en lugar de a la pelea, a la modestia en lugar del orgullo, a aprender con respeto en lugar de dominar a los demás. Cuando escuchemos este mensaje, habremos escuchado el corazón de Pablo en este pasaje.

Reflexión y discusión

1. Imagina vivir en Éfeso cuando la mitología grecorromana, como el culto a Artemisa, era la norma. ¿Cómo pudo esa perspectiva afectar

tu lectura de este pasaje?

2. Si eres mujer, ¿alguna vez has sentido la tentación de sustituir el patriarcado por el matriarcado, es decir, de hacerles a los hombres lo que ellos te han hecho a ti? De ser así, ¿cómo enfrentaste esa tentación?

3. ¿Alguna vez has discutido en lugar de orar? En general, ¿es esto más un problema con los hombres? ¿Sería útil que más mujeres participaran en teología?

4. ¿Valorar la riqueza, la apariencia personal y el conocimiento de forma respetuosa sigue siendo un problema en las iglesias actuales? ¿Es alguno de estos un problema mayor para las mujeres que para los hombres? ¿O viceversa?

5. ¿Conlleva la enseñanza en una iglesia contemporánea cierto grado de autoridad? ¿Cuál sería un buen ejemplo de esto? ¿Y un mal ejemplo?

6. ¿Alguna vez has presenciado una situación en la que alguien enseñó de forma autoritaria en tu iglesia? ¿Era un hombre o una mujer? ¿Cuál fue el resultado?

7. Si eres mujer, ¿alguna vez has necesitado ser humillada por un ejemplo negativo como el comportamiento de Eva en Génesis 3? ¿Cómo podría usarse el fracaso de Adán para humillar a los hombres orgullosos?

Aplicación para nuestra vida actual

A menudo me preguntan: «¿Pueden las mujeres ser ancianas y pastoras?». Normalmente, mi respuesta es: «Estás haciendo las preguntas equivocadas». En cambio, preguntemos: «¿Cuáles son los requisitos bíblicos para servir en el liderazgo de la iglesia?». Y la respuesta de las Escrituras es: «Piedad, dones, experiencia y educación». Estos temas se abordan de forma directa y clara.

En contraste, la Biblia no prohíbe a las mujeres servir como ancianas o entre los «pastores del rebaño» de creyentes junto a sus hermanos en Cristo. De hecho, la idea de las mujeres en el ministerio público, la predicación o la enseñanza, solo se aborda en dos pasajes bíblicos, y solo como una tangente.

En el capítulo 7, descubrimos que algunas mujeres de la iglesia de Corinto ministraban como profetas (portavoces de la palabra de Dios para su pueblo). En las iglesias actuales, probablemente las consideraríamos predicadoras. En su primera carta a estas creyentes (1 Corintios 11), Pablo expresó dos preocupaciones para estas mujeres: una, que debían ser sensibles a las «marcas de género» culturales en su apariencia (en aquel entonces, «cubrirse la cabeza»), y dos, que debían tener «autoridad sobre sus cabezas» al orar o profetizar. Ninguno de estos mandatos impedía a las mujeres predicar. Además, ambos son aplicables hoy en día, aunque probablemente se aplicarían de diferentes maneras. Recuerden que, al dar estas instrucciones, Pablo procura contrarrestar el patriarcado de su época recordando a sus lectores que, así como la mujer proviene del hombre, también el hombre proviene de la mujer y, en última instancia, todos venimos de Dios. El principio es la mutualidad de género, expresada en los órdenes de la creación y la procreación.

En el capítulo 8, examinamos una situación diferente: los hombres y mujeres de Éfeso, una ciudad fuertemente influenciada por el culto pagano a Artemisa. Primero, Pablo instruyó a los hombres a orar en lugar de pelear. Luego, les dijo a las mujeres que se vistieran con modestia e hicieran buenas obras en lugar de ostentar su riqueza, estatus y belleza. Finalmente, las mujeres debían aprender el camino de Cristo con sereno respeto en lugar de enseñar de forma autoritaria a los hombres (1 Timoteo 2).

Pablo también humilló a las orgullosas mujeres de Éfeso con ejemplos de Eva, formada a partir de Adán y engañada por Satanás, quien condujo a la humanidad a la transgresión. Ninguna de estas instrucciones prohibía a las mujeres maduras y piadosas, bien instruidas en la Biblia, enseñar a los hombres de forma apropiada en el futuro y en una situación diferente. Este pasaje tampoco debería usarse hoy para impedir que las mujeres compartan responsabilidades de liderazgo con los hombres. De hecho, las palabras del apóstol una vez más tienen algo que decir tanto a hombres como a mujeres, tanto entonces como ahora, aunque los mismos principios puedan aplicarse de forma diferente en distintos contextos.

¿Qué significa todo esto para las mujeres en la iglesia contemporánea? De estos dos pasajes se pueden extraer varios principios de aplicación personal.

En primer lugar, al igual que los primeros cristianos bajo el dominio romano, también vivimos en una época en la que la intimidad sexual entre personas del mismo sexo es relativamente común. Debemos acoger con agrado a hombres y mujeres de esta orientación que buscan sinceramente seguir a Cristo. Sin embargo, no podemos reafirmar su estilo de vida a la luz de declaraciones claras y contundentes de las Escrituras (por ejemplo, Romanos 1:26; 1 Corintios 6:9).

En contraste, debemos celebrar las diferencias que Dios nos dio y que nos benefician como hombres y mujeres. Sin embargo, al mismo tiempo, debemos reconocer las muchas maneras en que somos similares, es decir, somos «compañeros complementarios» que ambos provienen del Edén (Génesis 2 y 3). Sin duda, esto también se manifestará de diversas maneras peculiares para cada hombre y mujer. Y, dado que la Biblia no define la «feminidad» ni la «masculinidad», debemos evitar el dogmatismo, los estereotipos y la elaboración de listas restrictivas también en estas áreas.

En segundo lugar, debemos ser cuidadosos con el uso de la «autoridad» en nuestra predicación y enseñanza. Los pastores y predicadores hablan con un legítimo sentido de autoridad solo en la medida en que representan la Palabra de Dios. En última instancia, la autoridad es de Dios, no nuestra. Sin embargo, podemos caer fácilmente en la tentación de asumir que tenemos autoridad en nosotros mismos como líderes e intentar dominar a los demás. Dado que ni siquiera Cristo se aferró a su autoridad (Filipenses 2:5-8), tampoco debemos aferrarnos a la nuestra. Como lo expresó el mismo Maestro: «Así también ustedes, cuando hayan hecho todo lo que se les ha mandado, deben decir: Somos siervos inútiles; no hemos hecho más que cumplir con nuestro deber» (Lucas 17:10).

En tercer lugar, al elegir líderes de la iglesia, debemos centrarnos más en la piedad, los dones, la madurez y el conocimiento, en lugar del género, la posición social y la etnia. Además, debemos evitar el orgullo que a menudo se asocia con los títulos y cargos. En el Nuevo Testamento, a los ancianos que «pastoreaban el rebaño» siempre se les llama en plural, sin que ninguno sea designado como el «pastor principal». Incluso el gran apóstol Pedro, la «roca» con las «llaves del reino» (Mateo 16:18-19), reconoció que, en última instancia, él era simplemente "un anciano como ellos" que servía junto a otros, con solo Jesús como el «Príncipe de los pastores» (1 Pedro 5:1-4). Afortunadamente, muchas iglesias hoy en día han adoptado un modelo más bíblico de «liderazgo de equipo» que se adapta a los dones y la madurez de las personas involucradas.

Finalmente, a las mujeres cristianas piadosas y talentosas de hoy se les debe animar, no solo permitir, a participar en el liderazgo de la iglesia junto con sus hermanos en Cristo. No me malinterpreten, no se trata de feminismo; se trata de compañerismo mutuo entre iguales. Como hombres, debemos invitar a nuestras hermanas a «sentarse a la mesa» con nosotros, a aprender con nosotros y, de hecho, a unirse a nosotros como líderes-siervas de la congregación. Nuestras hermanas en Cristo necesitan todo nuestro apoyo y aliento, al igual que nosotros necesitamos los suyos. Este no es momento de callar ni de ser pasivas. ¡Es momento de hablar con afirmación y convicción!

Caminos hacia el futuro

Como hemos visto, la Biblia enseña constantemente la mutualidad entre hombres y mujeres, desde Adán y Eva hasta el ministerio de Jesús, así como en los escritos de Pablo y Pedro. Todos estos pasajes apuntan a un compañerismo recíproco entre iguales donde las responsabilidades de liderazgo se comparten en una comunidad unida. El Nuevo Testamento nos presenta como un nuevo pueblo de Dios en el que las antiguas barreras de etnicidad, estatus social y género se declaran irrelevantes en el contexto de la unidad en Cristo (Gálatas 3:28). Si bien hemos avanzado mucho a lo largo de la historia de la iglesia para alcanzar este ideal bíblico, aún no lo hemos logrado. Todavía hay muchas iglesias que insisten en perpetuar un antiguo sistema patriarcal (aunque con distintos grados de moderación y en constante declive).

En tal contexto, ¿cómo podemos caminar juntos para ayudar a la iglesia a avanzar hacia un ideal más bíblico? Creo que la respuesta es triple: primero, debemos creer que el cambio es posible; segundo, debemos estar dispuestos a involucrarnos personalmente; y tercero, debemos avanzar siendo plenamente conscientes de lo que está en juego.

¿Es realmente posible el cambio?

El escritor inspirado de Hebreos nos advierte en el «Capítulo de la Fe» que, si queremos acercarnos a Dios, debemos creer que Dios existe y que recompensa a quienes lo buscan con sinceridad (Hebreos 11:6). La fe sincera genera la esperanza de que el cambio puede ocurrir.

En mi trayectoria personal, he estudiado lo que la Biblia enseña sobre la igualdad de género durante más de treinta años. Y, durante este tiempo, he presenciado cambios significativos en la universidad cristiana donde enseño, así como en las iglesias donde mi esposa y yo ministramos. Sin embargo, el progreso en este ámbito ha avanzado a un ritmo a veces tediosamente lento. En ocasiones me he preguntado: «¿Hay realmente esperanza?».

Cuando surge esta duda, recurro al final de los evangelios y leo los relatos de la resurrección. Recuerdo que si Dios pudo resucitar a Jesús —el acontecimiento fundacional de nuestra fe—, también puede traer unidad a la iglesia, incluso en lo que respecta al debate sobre la igualdad de género. En otras palabras, creo que el cambio es posible porque creo en la resurrección de Jesucristo.

También recuerdo las palabras de Pablo en su segunda carta a los Corintios. Allí declara que la iglesia es una «nueva creación» mediante la cual hemos sido reconciliados con Dios. Además, se nos ha encomendado «el ministerio de la reconciliación» (2 Corintios 5:17-19). La reconciliación es un mandato divino para todo el pueblo de Dios, no una opción. Es el componente esencial del ministerio al que todos en la iglesia estamos llamados.

Las preguntas siguen siendo abrumadoras: «¿Puede Dios restaurar la unidad en el cuerpo de Cristo respecto al debate sobre la igualdad de género?» ¡Sí! «¿Puede Dios derribar las barreras que hemos establecido entre hombres y mujeres?» ¡Sí! «¿Puedo orar y esperar que Dios conmueva los corazones de las parejas cristianas hacia la sumisión mutua, el sacrificio y el honor como coherederos?» ¡Sí! «¿Es posible hoy en día una relación de compañerismo mutuo que es tan evidente en el diseño de la creación?» ¡Sí! «¿Puede Dios traer verdadera hermandad entre los líderes de nuestras iglesias, reemplazando el patriarcado que ha dominado por tanto tiempo?» ¡Sí! La respuesta en todos los casos es un rotundo «¡Sí!». ¡Dios está dispuesto y es capaz!

¿Qué puedo hacer personalmente?

Dios obra cambios en la iglesia a través de personas comunes como tú y yo que responden a la Palabra y al Espíritu de Dios. Una persona puede influir en un par de personas que eventualmente forman una coalición de voluntarios. Aquí tienes algunos pasos prácticos que puedes seguir para promover un modelo de compañerismo mutuo en tu hogar y en tu iglesia.

Primero, el cambio debe ser bíblico. Recuerden que Jesucristo es el modelo del comportamiento que manifestamos hacia los demás. Vale la pena repetir las palabras de Pablo a los filipenses: «Tengan entre ustedes la misma actitud que tuvo Jesucristo. Aunque era Dios, renunció a sus derechos divinos para convertirse en un simple mortal, en un humilde siervo dispuesto a morir como un criminal en la cruz» (Filipenses 2:5-8). Resolver el problema de género no se trata de exigir nuestros derechos; se trata de servir. Durante más de 2000 años, este ha sido el camino de la cruz.

En segundo lugar, el cambio involucra tanto a mujeres como a hombres. Debemos tener presente que, en definitiva, este es un movimiento bíblico de igualdad, no solo un movimiento de mujeres. Se trata de mutualidad y compañerismo, no de matriarcado ni feminismo. Incluso en nuestra sociedad occidental actual, que es moderadamente patriarcal, los hombres generalmente controlan los puestos de poder. Al igual que en el primer siglo, esta sigue siendo la situación actual en el hogar, la iglesia y el lugar de trabajo. Por eso, Pablo también llama a los hombres a la sumisión mutua (Efesios 5:21), a amar y sacrificarse por sus esposas (Efesios 5:25-28), a someterse a ellas con amor (1 Corintios 7:4) y a someterse a ellas tratándolas como coherederas en vida (1 Pedro 3:7). Aunque la sumisión mutua incluye a la esposa, su influencia solo puede llegar hasta cierto punto para cambiar la naturaleza de la relación matrimonial. El cambio más significativo a menudo tiene que provenir de quien ostenta el poder. La «cabeza» debe estar dispuesta a sacrificarse por el cuerpo (Efesios 5:25). En otras palabras, los maridos necesitan abandonar su autoridad asumida y convertirse en verdaderos servidores en el contexto de la sumisión mutua.

Este mismo principio se aplica a la iglesia, donde los hombres aún ocupan la mayoría de los puestos de liderazgo. El camino de Cristo no es forzar a los demás a aceptar su liderazgo, sino servir (1 Timoteo 2:11-12). Donde se necesita liderazgo, los hermanos con la responsabilidad de liderar deben invitar a sus hermanas a unirse a ellos en el equipo de líderes. En las iglesias con un sistema de gobierno congregacional, tanto mujeres como hombres pueden participar en la promoción de esto mediante el voto congregacional. Las mujeres que han sido marginadas y relegadas durante tanto tiempo necesitan ser animadas y empoderadas para servir junto a sus hermanos en Cristo. Jesús lo hizo por María de Betania, y Pablo lo hizo por la apóstol Junia. Como hombres en las iglesias de hoy, ¡no podemos hacer menos!

En tercer lugar, el cambio requiere tiempo y paciencia. Para muchos en la iglesia, la idea bíblica del compañerismo mutuo entre hombres y mujeres aún les resulta desconocida. Están acostumbrados al modelo patriarcal, más común en la cultura actual. A menudo oigo a alguien decir: «Me parece extraño ver a una mujer predicando. Aunque la Biblia no dice que no pueda hacerlo, me parece que no está bien». ¿Cómo podemos ayudar a estas personas a avanzar hacia un modelo más bíblico de igualdad en Cristo?

Nuestra iglesia local ha sido útil animar a las mujeres a participar con más frecuencia en actividades visibles y directas donde son aceptadas. Estas pueden incluir actividades como dirigir la oración, leer las Escrituras, dirigir los cantos congregacionales, hacer anuncios, servir como ujieres, recoger la ofrenda, servir la comunión, compartir sus experiencias de crecimiento espiritual o servir en la junta de diáconos (por nombrar solo algunas). A medida que las personas se acostumbran a estas actividades, con el tiempo se sentirán más cómodas al considerar la voz de una mujer en la junta de ancianos o al escuchar que alguien las llame «pastoras». Si bien estos cambios son correctos porque son bíblicos, aún lleva tiempo que las personas se adapten. Y mientras esto sucede, debemos practicar la virtud de la paciencia.

En cuarto lugar, el cambio requiere un esfuerzo constante. Pablo también animó a la iglesia de Galacia —la misma gente que luchaba con el conflicto entre judíos y gentiles— a no cansarse de hacer el bien, pues a su debido tiempo cosecharían los buenos resultados si no desistían (Gálatas 6:9). Hacer lo correcto puede ser una tarea difícil. Puede agotarte en un buen día y, en un mal día, dejarte profundamente deprimido. Vivimos en un mundo de remedios instantáneos. Nos dicen que podemos perder peso en cuestión de días y amasar una fortuna de la noche a la mañana. Nos aseguran que podemos tener lo que queremos, cuando lo queremos, y a un precio de ganga. Pero en la realidad, las cosas suelen llevar tiempo.

El patriarcado ha dañado las relaciones entre hombres y mujeres desde el día en que Adán y Eva fueron expulsados del Edén. En nombre del patriarcado, las mujeres han sido maltratadas durante miles de años, incluso las cristianas con esposos creyentes. Además, las mujeres han sido excluidas de compartir el liderazgo con los hombres durante la mayor parte de la historia de la iglesia. El diseño de la creación de Dios, dañado por nuestro pecado, ha necesitado reparación durante mucho tiempo. Y no se arreglará en una década ni siquiera en un siglo, aunque los esfuerzos contemporáneos por una verdadera igualdad bíblica en los últimos dos siglos nos han encaminado en la dirección correcta. Si bien debemos ser pacientes, ¡el siglo XXI no es momento para rendirnos ni para permanecer en silencio! En el tiempo de Dios, cosecharemos una gran cosecha si perseveramos en la tarea. Y tengan la seguridad de que Dios reivindicará a quienes claman desde los márgenes de la iglesia a favor de quienes no tienen voz.

¿Qué está en juego?

Hace varios años, mientras desayunaba con mi antiguo mentor académico de mi doctorado, él me preguntó qué proyectos tenía por escribir. Le conté el trabajo que estaba realizando en *Discovering Biblical Equality* [Descubriendo la igualdad bíblica] (InterVarsity, 2005). Su respuesta fue: «¡Qué moderno!». Otros amigos también han bromeado sobre mis esfuerzos en este ámbito, calificándolos de «políticamente correctos». Pero un tema tan importante no se puede trivializar tan fácilmente.

Por última vez, repasemos conmigo las palabras de Pablo a los gálatas, especialmente el tono y la intensidad de sus exhortaciones. El apóstol comienza expresando su asombro ante la facilidad con la que estos creyentes abandonaron el evangelio de la gracia para seguir un evangelio falso y deformado. Incluso llega al extremo de condenarlos a la maldición de Dios. Luego, declara que su intención es ganarse la aprobación de Dios, no la de la gente, pues es siervo del Mesías que le dio este mensaje. Pablo enfatiza su origen judío y su persecución de la iglesia porque lo que está a punto de decir sorprenderá a muchos de sus lectores judíos (Gálatas 1:6-24).

Pablo había sido llamado por Dios para ser apóstol de los gentiles, al igual que Pedro lo sería de los judíos (Gálatas 2:1-10). Sabiendo que podrían no reaccionar con benevolencia ante esta radical inclusividad en una iglesia predominantemente judía, Pablo cita un encuentro en el que reprende públicamente a Pedro y a otros judíos por no compartir la mesa con los gentiles. Llega incluso a calificar tal exclusividad de «hipocresía» (2:11-13), es decir, «no actuar conforme a la verdad del evangelio» (2:14). «¡Gálatas torpes! ¿Quién los ha hechizado a ustedes [...]? Después de haber comenzado con el Espíritu, ¿pretenden ahora perfeccionarse con esfuerzos humanos? (Gálatas 3:1, 3). Este es el fundamento que Pablo establece para su famosa declaración de que todos los creyentes son hijos de Dios por la fe, independientemente de su etnia, condición social o género. De hecho, estas viejas divisiones ya no son relevantes en una iglesia donde los cristianos viven como una comunidad unificada de herederos de las promesas de Dios (Gálatas 3:28).

Para Pablo, la unidad de todos los creyentes, sin las antiguas barreras sociales, era la esencia misma de vivir el mensaje del evangelio. Reconocer una supuesta «igualdad de estatus espiritual» sin aplicar esa verdad en las actividades cotidianas del hogar y la iglesia era hipocresía. De hecho, no se ajustaba a la verdad de las Escrituras. En cambio, los gálatas estaban «volviendo» para convertirse de nuevo en esclavos de aquello de lo que Cristo los había liberado (Gálatas 4:9). El gran apóstol está perplejo por su comportamiento. Incluso compara su lucha con ellos con la dolorosa lucha de las mujeres durante el parto (Gálatas 4:12-20).

Finalmente, Pablo llama tanto a hombres como a mujeres a mantenerse firmes en la libertad a la que Cristo los ha llamado (Gálatas 5:1-2, 13). Explica que, dado que primero recibimos vida por el Espíritu de Dios, debemos «vivir por el Espíritu» (Gálatas 5:16) y «andar guiados por el Espíritu» (Gálatas 5:25). Esto significa que debemos vivir la realidad de nuestra posición espiritual ante Dios en nuestras relaciones mutuas si queremos honrar el mensaje del evangelio.

Esto es lo que está en juego: ¡honrar a las mujeres como compañeras plenas de los hombres, tanto en el hogar como en la iglesia! El compañerismo mutuo entre iguales estuvo presente en el diseño de Dios para el hombre y la mujer desde el inicio de la humanidad. Además, sigue siendo el centro mismo del mensaje evangélico de Jesucristo. Los apóstoles Pablo y Pedro respaldaron este ideal bíblico a pesar del patriarcado de su época. Mantenerse firme en esta libertad es reflejar su mensaje. Hacerlo con convicción apasionada y un corazón de siervo es seguir su ejemplo, así como el de Jesús.

Lecturas recomendadas

Ruth Haley Barton, *Equal to the Task: Men and Women in Partnership* (Downers Grove, IL: InterVarsity Press, 1998).

Carol E. Becker, *Becoming Colleagues: Women and Men Serving Together in Faith* (San Francisco, CA: Jossey-Bass, 2000).

Gilbert Bilezikian, *Beyond Sex Roles: A Guide for the Study of Female Roles in the Bible* (Grand Rapids, MI: Baker, 1985).

Loren Cunningham y David J. Hamilton, eds., con Janice Rogers, *Why Not Women? A Biblical Study of Women in Missions, Ministry, and Leadership* (Seattle, WA: YWAM, 2000).

Jonalyn Grace Fincher, *Ruby Slippers: How the Soul of a Woman Brings Her Home* (Grand Rapids, MI: Zondervan, 2007).

Rebecca Merrill Groothuis, *Good News for Women: A Biblical Picture of Gender Equality* (Grand Rapids, MI: Baker, 1997).

Patricia Gundry, *Heirs Together: Mutual Submission in Marriage* (Grand Rapids, MI: Zondervan, 1980).

Mark Husbands y Timothy Larsen, eds., *Women, Ministry and the Gospel: Exploring New Paradigms* (Downers Grove, IL: InterVarsity, 2007).

Alan F. Johnson, ed., *How I Changed My Mind about Women in Leadership: Compelling Stories from Prominent Evangelicals* (Grand Rapids, MI: Zondervan, 2010).

Craig S. Keener, *Paul, Women and Wives: Marriage and Women's Ministry in the Letters of Paul* (Peabody, MA: Hendrickson, 1992).

Catherine Clark Kroeger y Mary J. Evans, eds., *The IVP Women's Bible*

Commentary (Downers Grove, IL: InterVarsity Press, 2002).

Alice P. Mathews, *A Woman God Can Use* (Grand Rapids, MI: Discovery House, 1990); *A Woman Jesus Can Teach* (Discovery, 1991); *A Woman God Can Lead* (Discovery, 1998).

Alvera Mickelsen, ed., *Women, Authority and the Bible* (Downers Grove, IL: InterVarsity Press, 1986).

Ronald W. Pierce y Rebecca Merrill Groothuis, eds., *Discovering Biblical Equality: Complementarity without Hierarchy* (Downers Grove, IL: InterVarsity, 2005).

Glen Scorgie, *The Journey Back to Eden: Restoring the Creator's Design for Women and Men* (Grand Rapids, MI: Zondervan, 2005).

Aída Besançon Spencer, *Beyond the Curse: Women Called to Ministry* (Nashville, TN: Thomas Nelson, 1985; reimpreso por Peabody, MA: Hendrickson, 1989).

Sarah Sumner, *Men and Women in the Church: Building a Consensus on Christian Leadership* (Downers Grove, IL: InterVarsity, 2003).

Steven R. Tracy, *Mending the Soul: Understanding and Healing Abuse* (Grand Rapids, MI: Zondervan, 2005).

Ruth A. Tucker, *Women in the Maze: Questions and Answers on Biblical Equality* (Downers Grove, IL: InterVarsity Press, 1992).

Mary Stewart Van Leeuwen, *Gender and Grace: Love, Work and Parenting in a Changing World* (Downers Grove, IL: InterVarsity Press, 1990).

ACERCA DEL AUTOR

Ron y Pat se casaron en 1969. Vivieron en el sur de California donde Ron ha enseñado Biblia y Teología en la Universidad Biola desde 1976. Juntos tuvieron dos hijos: Debi, que se casó con Dan, y Brett, casado con Sarah. Ellos también tienen cuatro nietos: Zachary, Matthew, Heidi y Kristen. Debi trabaja para un estudio contable, mientras que Dan es un papa a tiempo completo. Brett y Sarah trabajan como gerente de sistemas y contadora pública respectivamente.

Ron posee títulos académicos de la Universidad John Brown, la Facultad de Teología Talbot y el Seminario Teológico Fuller. Además es un ministro ordenado en Converge Worldwide (formalmente la Asociación General Bautista). Ha sido un apasionado defensor de la igualdad bíblica de género desde la década de 1980. Recientemente ha coeditado el libro *Discovering Biblical Equality* (InterVarsity, 2005) con Rebecca Merrill Groothuis y Gordon D. Fee.

ACERCA DE CRISTIANOS POR LA IGUALDAD BÍBLICA

Cristianos por la igualdad bíblica es una organización sin fines de lucro de hombres y mujeres cristianos que creen que la Biblia interpretada apropiadamente enseña la igualdad esencial entre hombres y mujeres de todos los grupos étnicos, todas las clases económicas y todos los grupos etarios, basado en las enseñanzas de las Escrituras como Gálatas 3:28: «Ya no hay judío ni no judío, esclavo ni libre, hombre ni mujer, sino que todos ustedes son uno solo en Cristo Jesús».

Declaración de misión

CBE reafirma y promueve la verdad bíblica de que todos los creyentes, sin importar su género, etnicidad o clase social, poder ejercer sus dones dados por Dios con igual autoridad y responsabilidad en la iglesia, el hogar y el mundo.

Valores centrales

Creemos que la Biblia enseña que:
- los creyentes son llamados a la sumisión, amor y servicio mutuo;
- Dios distribuye dones espirituales sin distinción de género, etnicidad o clase social;
- los creyentes deben desarrollar y ejercer los dones que Dios les ha dado en la iglesia, el hogar y el mundo;
- los creyentes tienen la misma autoridad y responsabilidad para ejercer sus dones sin distinción de género, etnicidad o clase, y sin limitaciones de roles definidos culturalmente;
- restringir a los creyentes de ejercer sus dones basándonos en su género, etnicidad o clase social resiste la obra del Espíritu Santo y es injusto.
- Los creyentes deben promover la justicia y oponerse a la injusticia en todas sus formas;

Oponerse a la injusticia

CBE reconoce que la injusticia es un abuso de poder que le quita a otros lo que Dios les ha dado: su dignidad, libertad, recursos e incluso sus propias vidas. CBE también reconoce que prohibirle a los individuos que ejerzan los dones que Dios les ha dado para avanzar su reino constituye una injusticia que empobrece el cuerpo de Cristo y su ministerio al mundo. CBE cree que la Escritura requiere ser parte de la misión de Dios de oponerse a la injusticia (como en Miqueas 6:8).

Visión del futuro

CBE visualiza un futuro donde todos los creyentes sean libres de ejercer sus dones para la gloria y los propósitos de Dios, con el pleno apoyo de sus comunidades cristianas.

Únete al movimiento

Los miembros de CBE son extraordinarios defensores de la liberación que Cristo ofrece de las limitaciones impuestas por el género, la etnicidad o la clase social. Al unirte a CBE, estarás junto a cristianos alrededor del mundo que promueven la verdad bíblica de la igualdad. Como miembro, recibirás recursos de primer nivel sobre lo que la Biblia enseña acerca de la igualdad de género y la justicia. Y tus contribuciones financieras apoyarán nuestro ministerio.

Beneficios de la membresía incluyen: una suscripción a *Priscilla Papers*, nuestra premiada revista académica cuatrimestral; una suscripción a *Mutuality*, nuestra premiada revista divulgativa trimestral; un descuento de 50 % en las grabaciones producidas por la CBE y descuentos de entre 15 % y 20 % en nuestra tienda en línea; descuentos en inscripciones a conferencias de la CBE; acceso a versiones digitales de números recientes de nuestras revistas; y mucho más.

¡Visita cbeinternational.org/membership para unirte hoy!